SALATALAR 2022

SAĞLIKLI İNSANLAR İÇİN LEZZETLİ TARİFLER

ALI SYDIN

İçindekiler

Tavuk Satay Daha Sağlıklı Sağlıklı Salata Sammies

İçindekiler

1 ½ vücut ağırlığı ince kesilmiş kümes hayvanları çeşitli yiyecekler, pirzola

2 yemek kaşığı. sebze yağı

Izgara planlaması, önerilir: Barbekü ızgarası Mates Montreal Yemek

McCormick veya kaba sodyum ve biberden baharat

3 yuvarlak yemek kaşığı. büyük fıstık ezmesi

3 yemek kaşığı. siyah soya baharatları

1/4 su bardağı herhangi bir meyve suyu

2 çay kaşığı. sıcak baharatlar

1 limon

1/4 çekirdeksiz salatalık, çubuklar halinde kesilmiş

1 su bardağı küçük parçalar halinde kesilmiş havuç

2 su bardağı marul yaprağı kesilmiş

4 huysuz rulo, keiser veya hoparlör, bölünmüş

Yöntem

Barbekü ızgara tavasını veya büyük yapışmaz paketi ısıtın. Kümes hayvanlarını yağ ve barbekü ızgarası planlamasında kaplayın ve 2 partide her iki tarafta 3 dakika pişirin.

Fıstık ezmesini mikrodalgaya uygun bir kaba koyun ve mikrodalgada yaklaşık 20 saniye yüksekte yumuşatın. Fıstık ezmesine soya, meyve suyu, sıcak baharatlar ve limon suyunu karıştırın. Satay baharatları ile kümes hayvanları atın. Kesilmiş taze sebzeleri karıştırın. Taze sebzelerin 1/4'ünü sandviç ekmeğinin üzerine koyun ve üzerine 1/4 Satay kümes hayvanı karışımı koyun. Topuz üstlerini kurun ve seyahat için teklif edin veya sarın.

Zevk almak!

Kleopatra'nın Tavuk Salatası

İçindekiler

1 ½ tavuk göğsü

2 yemek kaşığı. sızma zeytinyağı

1/4 çay kaşığı. ezilmiş kırmızı boost gevreği

4 diş ezilmiş sarımsak

1/2 bardak kuru beyaz şarap

1/2 portakal, suyu sıkılmış

Bir avuç dilimlenmiş düz yaprak maydanoz

Kaba sodyum ve karabiber

Yöntem

Büyük bir yapışmaz paketi ocakta ısıtın. Sızma zeytinyağı ekleyin ve ısıtın.

Ezilmiş takviyeyi, ezilmiş sarımsak karanfilini ve tavuk göğsünü ekleyin.

Tavuk göğüslerini her tarafı iyice kızarana kadar yaklaşık 5 ila 6 dakika

soteleyin. Sıvının pişmesine ve ihalelerin yaklaşık 3 ila 4 dakika daha

pişmesine izin verin ve ardından tavayı ocaktan alın. Taze sıkılmış limon

suyunu kümes hayvanlarının üzerine bastırın ve damak zevkinize göre

maydanoz takviyesi ve tuz ile servis edin. Hemen servis yapın.

Zevk almak!

Tay-Vietnam salatası

İçindekiler

3 Latin marul, doğranmış

2 su bardağı taze sebze fidesi, her çeşit

1 su bardağı çok mükemmel dilimlenmiş daikon veya kırmızı turp

2 su bardağı bezelye

Önyargı üzerine dilimlenmiş 8 yeşil soğan

½ çekirdeksiz salatalık, 1/2 uzunlamasına dilimlenmiş

1 pint sarı veya kırmızı üzüm domates

1 kırmızı soğan, dörde bölünmüş ve çok iyi dilimlenmiş

1 seçim taze mükemmel sonuç, kesilmiş

1 seçim taze fesleğen sonucu, kesilmiş

2, 2 onsluk paketler, fırın koridorunda bulunan dilimlenmiş fındık parçaları

1 inçlik parçalar halinde kesilmiş 8 adet bademli kızarmış ekmek veya anasonlu kızarmış ekmek

1/4 su bardağı tamari siyah soya sosu

2 yemek kaşığı. sebze yağı

Boyuta bağlı olarak 4 ila 8 ince kesilmiş kümes hayvanları pirzolası

Tuz ve taze kat karabiber

1 lb mahi mahi

1 olgun kireç

Yöntem

Tüm malzemeleri geniş bir karıştırma kabında birleştirin ve soğuk olarak servis yapın.

Zevk almak!

Noel Cobb Salatası

İçindekiler

Yapışmaz gıda hazırlama spreyi

2 yemek kaşığı. ceviz şurubu

2 yemek kaşığı. kahverengimsi şeker

2 yemek kaşığı. elma şarabı

1 libre jambon yemeği, tamamen hazır, büyük zar

½ lb. papyon tanesi, pişmiş

3 yemek kaşığı. dilimlenmiş güzel kornişon

Bibb marul

½ su bardağı dilimlenmiş kırmızı soğan

1 su bardağı küçük doğranmış Gouda

3 yemek kaşığı. dilimlenmiş taze maydanoz yaprakları

Vinaigrette, formül aşağıdaki gibidir

Marine edilmiş Organik Fasulye:

1 lb. bezelye, azaltın, üçe bölün

1 çay kaşığı. dilimlenmiş sarımsak

1 çay kaşığı. kırmızı takviye gevreği

2 çay kaşığı. sızma zeytinyağı

1 çay kaşığı. Beyaz sirke

tutam tuz

Karabiber

Yöntem

Ocağı 350 derece F'ye önceden ısıtın. Bir fırın tepsisine yapışmaz pişirme spreyi uygulayın. Orta boy bir tabakta ceviz şurubu, kahverengimsi glikoz ve elma şarabını karıştırın. Jambonu ekleyin ve iyice karıştırın. Jambon karışımını fırın tepsisine koyun ve ısınana kadar pişirin ve jambon yaklaşık 20 ila 25 dakika renk geliştirin. Fırından çıkarın ve bir kenara koyun.

Tahıl, kornişon ve maydanozu salata sosuyla birlikte tabağa ekleyin ve üzerini kapatacak kadar karıştırın. Büyük bir sunu tabağına Bibb marulu koyun ve tahılı ekleyin. Kırmızı soğanı, Gouda'yı, marine edilmiş bezelyeyi ve hazır jambonu tahılın üzerine sıralar halinde düzenleyin. Servis.

Zevk almak!

Yeşil Patates Salatası

İçindekiler

7-8 adet taze soğan, temizlenmiş, kurutulmuş ve parçalar halinde kesilmiş, yeşil ve beyaz renkli kısımlar

1 küçük seçim chives, dilimlenmiş

1 çay kaşığı. koşer tuzu

Taze çekilmiş beyaz biber

2 yemek kaşığı. su

8 yemek kaşığı. sızma zeytinyağı

2 vücut ağırlığı kırmızı bliss kereviz, yıkanmış

3 defne yaprağı

6 yemek kaşığı. siyah sirke

2 arpacık, soyulmuş, uzunlamasına dörde bölünmüş, ince dilimlenmiş

2 yemek kaşığı. pürüzsüz Dijon hardalı

1 yemek kaşığı. dilimlenmiş kapari

1 çay kaşığı. kapari sıvısı

1 küçük demet tarhun, doğranmış

Yöntem

Bir karıştırıcıda, yeşil soğanları ve frenk soğanı karıştırın. Damak zevkinize göre tuzla tatlandırın. Su ekleyin ve karıştırın. 5 yemek kaşığı dökün. Sızma zeytinyağını mikserin üst kısmından yavaşça ve pürüzsüz olana kadar karıştırın. Kerevizleri bir tencere suda kaynatın ve ısıyı azaltın ve kaynatın. Suyu biraz tuzla baharatlayın ve defne yapraklarını ekleyin. Kerevizleri bir bıçağın ucuyla delinip yumuşayıncaya kadar yaklaşık 20 dakika pişirin.

Kerevizi alacak kadar büyük bir kapta siyah sirke, arpacık soğanı, hardal, kapari ve tarhun karıştırın. Kalan sızma zeytinyağını karıştırın. Kerevizi süzün ve defne yapraklarını atın.

Kerevizleri tabağa koyun ve çatalın uçlarıyla dikkatlice ezin. Takviye ve sodyum ile dikkatlice baharatlayın ve iyice atın. Yeşil soğan ve sızma zeytinyağı karışımını ekleyerek bitirin. İyice karıştırın. Servis yapana kadar 70 derecede ısıtın.

Zevk almak!

yanmış mısır salatası

İçindekiler

3 tatlı mısır koçanı

1/2 su bardağı dilimlenmiş soğan

1/2 su bardağı dilimlenmiş biber

1/2 su bardağı dilimlenmiş domates

Tuz, tatmak

Salata sosu için

2 yemek kaşığı. Zeytin yağı

2 yemek kaşığı. Limon suyu

2 çay kaşığı. Biber tozu

Yöntem

Mısır koçanları hafif yanana kadar orta ateşte kavrulur. Kavrulduktan sonra mısır koçanlarının çekirdekleri bıçak yardımıyla ayıklanır. Şimdi bir kase alın ve çekirdekleri, doğranmış soğanları, kırmızı biberleri ve domatesleri tuzla karıştırın ve kaseyi bir kenara koyun. Şimdi zeytinyağı, limon suyu ve pul biberi karıştırarak salatanın sosunu hazırlayın ve soğumaya bırakın. Servis yapmadan önce sosu salatanın üzerine dökün ve servis yapın.

Zevk almak!

Lahana ve üzüm salatası

İçindekiler

2 Lahana, doğranmış

2 su bardağı yarıya yeşil üzüm

1/2 su bardağı ince doğranmış kişniş

2 Yeşil biber, doğranmış

Zeytin yağı

2 yemek kaşığı. Limon suyu

2 çay kaşığı. pudra şekeri

Tatmak için biber ve tuz

Yöntem

Salata sosunu hazırlamak için zeytinyağı, limon suyu, şeker, tuz ve karabiberi

bir kaba alıp iyice karıştırın ve buzdolabında soğutun. Şimdi diğer

malzemeleri başka bir kaba alın, iyice karıştırın ve bir kenarda bekletin.

Salatayı servis etmeden önce üzerine soğuyan salata sosunu ekleyin ve

hafifçe karıştırın.

Zevk almak!

narenciye salatası

İçindekiler

1 su bardağı tam buğday makarna, pişmiş

1/2 su bardağı dilimlenmiş biber

1/2 su bardağı havuç, beyazlatılmış ve doğranmış

1 yeşil soğan, doğranmış

1/2 su bardağı portakal, dilimler halinde kesilmiş

1/2 su bardağı tatlı limon dilimleri

1 su bardağı fasulye filizi

1 su bardağı lor, az yağlı

2-3 yemek kaşığı. nane yaprakları

1 çay kaşığı. Hardal tozu

2 yemek kaşığı. Toz şeker

Tuz, tatmak

Yöntem

Sosu hazırlamak için bir kaseye lor, nane yaprağı, hardal tozu, şeker ve tuzu ekleyin ve şeker eriyene kadar iyice karıştırın. Diğer malzemeleri başka bir kapta karıştırın ve dinlenmesi için bir kenarda bekletin. Servis yapmadan önce sosu salataya ekleyin ve soğuk servis yapın.

Zevk almak!

Meyve ve marul salatası

İçindekiler

2-3 adet marul yaprağı, parçalara ayrılmış

1 Papaya, doğranmış

½ su bardağı üzüm

2 portakal

½ su bardağı çilek

1 Karpuz

2 yemek kaşığı. Limon suyu

1 yemek kaşığı. Bal

1 çay kaşığı. kırmızı pul biber

Yöntem

Limon suyu, bal ve pul biberi bir kaseye alıp iyice karıştırdıktan sonra bir kenarda bekletin. Şimdi diğer malzemeleri başka bir kaba alın ve iyice karıştırın. Servis yapmadan önce sosu salataya ekleyin ve hemen servis yapın.

Zevk almak!

Elma ve marul salatası

İçindekiler

1/2 su bardağı kavun püresi

1 çay kaşığı. Kimyon tohumları, kavrulmuş

1 çay kaşığı. Kişniş

Tatmak için biber ve tuz

2-3 Marul, parçalara ayrılmış

1 Lahana, doğranmış

1 havuç, rendelenmiş

1 Capsicum, küpler halinde kesilmiş

2 yemek kaşığı. Limon suyu

½ fincan Üzüm, doğranmış

2 Elma, doğranmış

2 Yeşil soğan, doğranmış

Yöntem

Lahanaları, marulları, rendelenmiş havuçları ve kırmızı biberleri bir

tencereye alıp üzerlerini soğuk suyla kaplayın ve kıtır kıtır olana kadar pişirin,

bu işlem 30 dakika kadar sürebilir. Şimdi onları boşaltın ve bir beze bağlayın

ve soğutun. Şimdi elmalar limon suyuyla birlikte bir kaseye alınmalı ve

soğutulmalıdır. Şimdi kalan malzemeleri bir kaseye alın ve uygun şekilde

karıştırın. Salatayı hemen servis edin.

Zevk almak!

Fasulye ve biber salatası

İçindekiler

1 su bardağı barbunya, haşlanmış

1 su bardağı nohut, ıslatılmış ve haşlanmış

Zeytin yağı

2 Soğan, doğranmış

1 çay kaşığı. kişniş, doğranmış

1 kırmızı biber

2 yemek kaşığı. Limon suyu

1 çay kaşığı. Biber tozu

Tuz

Yöntem

Biberler çatalla delinmeli ve ardından içlerine yağ sürülmeli ve ardından kısık ateşte kavrulmalıdır. Şimdi kırmızı biberi soğuk suya daldırın ve ardından yanmış cilt çıkarılmalı ve ardından dilimler halinde kesilmelidir. Geri kalan malzemeleri biberle birleştirin ve ardından iyice karıştırın. Servis yapmadan önce, bir saat veya daha fazla soğutun.

Zevk almak!!

Havuç ve hurma salatası

İçindekiler

1 ½ su bardağı havuç, rendelenmiş

1 baş marul

2 yemek kaşığı. badem, kavrulmuş ve doğranmış

Bal ve limon sosu

Yöntem

Rendelenmiş havuçları soğuk su dolu bir tencereye alıp yaklaşık 10 dakika beklettikten sonra suyunu süzün. Şimdi aynı şey marul başı ile tekrarlanacak. Şimdi havuç ve marulu diğer malzemelerle birlikte bir kaseye alın ve servis yapmadan önce buzdolabında soğutun. Üzerine kavrulmuş ve kıyılmış badem serperek salatayı servis edin.

Zevk almak!!

Salata için kremalı biber sosu

İçindekiler

2 su bardağı mayonez

1/2 su bardağı süt

su

2 yemek kaşığı. Elma sirkesi

2 yemek kaşığı. Limon suyu

2 yemek kaşığı. parmesan peyniri

Tuz

Bir tutam acı biber sosu

Bir tutam Worcestershire sosu

Yöntem

Büyük boy bir kase alın ve içindeki tüm malzemeleri bir araya getirin ve topak kalmayacak şekilde iyice karıştırın. Karışım istenilen krema kıvamına geldiğinde taze meyve ve sebze salatanıza dökün ve ardından salata soslu salata servise hazır. Bu kremalı ve keskin biber sosu sadece salatalarla değil, tavuk, hamburger ve sandviçlerle de servis edilebilir.

Zevk almak!

Havai Salatası

İçindekiler

portakal sosu için

Bir yemek kaşığı. mısır unu

Yaklaşık bir bardak portakal kabağı

1/2 su bardağı portakal suyu

Toz tarçın

salata için

5-6 marul yaprağı

1 Ananas, küpler halinde kesilmiş

2 Muz, parçalar halinde kesilmiş

1 Salatalık, küpler halinde kesilmiş

2 domates

2 Portakal, dilimler halinde kesilmiş

4 Siyah tarih

Tuz, tatmak

Yöntem

Salata sosunu hazırlamak için bir kase alın ve mısır ununu portakal suyuyla karıştırın ve ardından portakal kabağını kaseye ekleyin ve sosun kıvamı koyulaşana kadar pişirin. Daha sonra tarçın tozu ve biber tozu kaseye eklenecek ve birkaç saat buzdolabında saklanacaktır. Daha sonra salatayı hazırlayın, marul yapraklarını bir kaseye alın ve yaklaşık 15 dakika su ile örtün. Şimdi dilimlenmiş domatesler, ananas parçaları, elma, muz, salatalık ve içindeki portakal dilimleri ile birlikte bir kaseye alınarak tuzla tatlandırılmalı ve iyice karıştırılmalıdır. Şimdi marul yapraklarına ekleyin ve servis yapmadan önce soğutulmuş sosu salatanın üzerine dökün.

Zevk almak!!

yanmış mısır salatası

İçindekiler

Bir paket tatlı mısır koçanı

1/2 su bardağı dilimlenmiş soğan

1/2 su bardağı dilimlenmiş biber

1/2 su bardağı dilimlenmiş domates

Tuz, tatmak

Salata sosu için

Zeytin yağı

Limon suyu

Biber tozu

Yöntem

Mısır koçanları orta ateşte hafifçe yanana kadar kavrulur, kavrulduktan sonra mısır koçanlarının çekirdekleri bıçak yardımıyla ayıklanır. Şimdi bir kase alın ve çekirdekleri, doğranmış soğanları, kırmızı biberleri ve domatesleri tuzla karıştırın ve kaseyi bir kenara koyun. Şimdi zeytinyağı, limon suyu ve pul biberi karıştırarak salatanın sosunu hazırlayın ve soğumaya bırakın. Servis yapmadan önce sosu salatanın üzerine dökün ve servis yapın.

Zevk almak!

Lahana ve üzüm salatası

İçindekiler

1 Lahana başı, doğranmış

Yaklaşık 2 su bardağı yarıya kadar yeşil üzüm

1/2 su bardağı ince kıyılmış kişniş

3 Yeşil biber, doğranmış

Zeytin yağı

Limon suyu, tatmak

Pudra Şekeri, tatmak

Tatmak için biber ve tuz

Yöntem

Salata sosunu hazırlamak için zeytinyağı, limon suyu, şeker, tuz ve karabiberi

bir kaba alıp iyice karıştırın ve buzdolabında soğutun. Şimdi diğer

malzemeleri başka bir kaba alıp bir kenarda bekletin. Salatayı servis

etmeden önce üzerine soğuyan salata sosunu ekleyin ve hafifçe karıştırın.

Zevk almak!!

narenciye salatası

İçindekiler

Yaklaşık bir su bardağı tam buğdaylı makarna, pişmiş

1/2 su bardağı dilimlenmiş biber

1/2 su bardağı havuç, beyazlatılmış ve doğranmış

Taze soğan. rendelenmiş

1/2 su bardağı portakal, dilimler halinde kesilmiş

1/2 su bardağı tatlı limon dilimleri

Bir su bardağı fasulye filizi

Yaklaşık bir fincan lor, az yağlı

2-3 yemek kaşığı. nane yaprakları

Hardal tozu, tatmak

Pudra şekeri, tatmak

Tuz

Yöntem

Sosu hazırlamak için yoğurdu, nane yapraklarını, hardal tozunu, şekeri ve tuzu bir kaseye ekleyin ve iyice karıştırın. Şimdi diğer malzemeleri başka bir kapta karıştırın ve dinlenmesi için bir kenarda bekletin. Servis yapmadan önce sosu salataya ekleyin ve soğuk servis yapın.

Zevk almak!!

Meyve ve marul salatası

İçindekiler

4 marul yaprağı, parçalara ayrılmış

1 Papaya, doğranmış

1 su bardağı üzüm

2 portakal

1 su bardağı çilek

1 Karpuz

½ bardak Limon suyu

1 çay kaşığı. Bal

1 çay kaşığı. kırmızı pul biber

Yöntem

Limon suyu, bal ve pul biberi bir kaseye alıp iyice karıştırdıktan sonra bir

kenarda bekletin. Şimdi diğer malzemeleri başka bir kaba alın ve iyice

karıştırın. Servis yapmadan önce sosu salataya ekleyin.

Zevk almak!

Körili tavuk salatası

İçindekiler

2 Derisiz, kemiksiz tavuk göğsü, pişirilmiş ve ikiye bölünmüş

3 - 4 kereviz sapı, doğranmış

1/2 su bardağı az yağlı mayonez

2-3 çay kaşığı. köri tozu

Yöntem

Haşlanmış kemiksiz, derisiz tavuk göğüslerini, diğer malzemeler, kereviz, az yağlı mayonez, köri tozu ile birlikte orta boy kaselere alın ve iyice karıştırın. Böylece bu lezzetli ve kolay tarif servise hazır. Bu salata, ekmeğin üzerine marullu sandviç dolması olarak kullanılabilir.

Zevk almak!!

Çilekli Ispanak Salatası

İçindekiler

2 çay kaşığı. Susam taneleri

2 çay kaşığı. Haşhaş tohumları

2 çay kaşığı. Beyaz şeker

Zeytin yağı

2 çay kaşığı. Kırmızı biber

2 çay kaşığı. Beyaz sirke

2 çay kaşığı. Worcestershire sos

Soğan, kıyılmış

Ispanak, yıkanmış ve parçalara ayrılmış

Bir çeyrek çilek, parçalar halinde doğranmış

Bir fincandan daha az badem, gümüşlenmiş ve beyazlatılmış

Yöntem

Orta boy bir kase alın; haşhaş tohumu, susam, şeker, zeytinyağı, sirke ve kırmızı biberi Worcestershire sosu ve soğanla karıştırın. Bunları uygun şekilde karıştırın ve üzerini kapatın ve ardından en az bir saat dondurun. Başka bir kase alın ve ıspanak, çilek ve bademleri karıştırın ve ardından ot karışımını üzerine dökün ve ardından en az 15 dakika servis yapmadan önce salatayı soğutun.

Zevk almak!

Tatlı restoran salatası

İçindekiler

16 onsluk bir lahana salatası karışımı

1 Soğan, doğranmış

Bir bardaktan az kremalı salata sosu

Sebze yağı

1/2 su bardağı beyaz şeker

Tuz

Haşhaş tohumları

Beyaz sirke

Yöntem

Büyük boy bir kase alın; lâhana salatası karışımını ve soğanları birlikte

karıştırın. Şimdi başka bir kase alın ve salata sosu, bitkisel yağ, sirke, şeker,

tuz ve haşhaş tohumlarını karıştırın. İyice karıştırdıktan sonra karışımı lahana

salatası karışımına ekleyin ve iyice kaplayın. Lezzetli salatayı servis etmeden

önce en az bir veya iki saat buzdolabında bekletin.

Zevk almak!

Klasik makarna salatası

İçindekiler

4 su bardağı dirsek makarnası, pişmemiş

1 su bardağı mayonez

Bir bardaktan az damıtılmış beyaz sirke

1 su bardağı beyaz şeker

1 çay kaşığı. Sarı hardal

Tuz

Karabiber, öğütülmüş

Bir büyük boy soğan, ince doğranmış

Yaklaşık bir su bardağı rendelenmiş havuç

2-3 sap kereviz

2 Pimento biber, doğranmış

Yöntem

Büyük boy bir tencereye alıp içine tuzlu su alıp kaynatın, üzerine makarnaları

ekleyip pişirin ve yaklaşık 10 dakika soğumaya bırakın ve süzün. Şimdi büyük

boy bir kase alın ve sirke, mayonez, şeker, sirke, hardal, tuz ve karabiberi

ekleyin ve iyice karıştırın. İyice karışınca kereviz, yeşil biber, yenibahar,

havuç ve makarnayı ilave edip tekrar iyice karıştırın. Tüm malzemeler iyice

karıştırıldıktan sonra en az 4-5 saat buzdolabında bekletin ve lezzetli salatayı

servis edin.

Zevk almak!

Rokforlu armut salatası

İçindekiler

Marul, parçalara ayrılmış

Yaklaşık 3-4 armut, soyulmuş ve doğranmış

Bir kutu Rokfor peyniri, rendelenmiş veya ufalanmış

Yeşil soğan, dilimlenmiş

Yaklaşık bir su bardağı beyaz şeker

1/2 kutu pekan cevizi

Zeytin yağı

2 çay kaşığı. kırmızı şarap sirkesi

Hardal, tatmak

Bir diş sarımsak

Tuz ve karabiber, tatmak

Yöntem

Bir tavayı alıp yağı orta ateşte kızdırdıktan sonra şekeri ve içindeki cevizleri

karıştırarak şeker eriyene ve cevizler karamelize olana kadar karıştırarak

bekletin ve soğumaya bırakın. Şimdi başka bir kase alın ve yağ, sirke, şeker,

hardal, sarımsak, tuz ve karabiberi ekleyin ve iyice karıştırın. Şimdi bir

kasede marul, armut ve mavi peynir, avokado ve yeşil soğanı karıştırın ve

üzerine sos karışımını ekleyin ve karamelize cevizleri serpin ve servis yapın.

Zevk almak!!

Barbie'nin ton balıklı salatası

İçindekiler

Bir kutu beyaz ton balığı

½ su bardağı Mayonez

Bir yemek kaşığı. parmesan tarzı peynir

Tatmak için tatlı turşu

Soğan gevreği, tadı

Köri tozu, tatmak

Tatmak için kuru maydanoz

Dereotu yabani otlar, kurutulmuş, tadı

Sarımsak tozu, tatmak

Yöntem

Bir kase alın ve içine tüm malzemeleri ekleyin ve iyice karıştırın. Servis yapmadan önce bir saat soğumaya bırakın.

Zevk almak!!

Tatil tavuk salatası

İçindekiler

1 pound Tavuk eti, pişmiş

bir bardak mayonez

bir çay kaşığı. kırmızı biber

Yaklaşık iki su bardağı kızılcık, kurutulmuş

2 Yeşil soğan, ince doğranmış

2 Yeşil dolmalık biber, kıyılmış

Bir su bardağı ceviz, doğranmış

Tuz ve karabiber, tatmak

Yöntem

Orta boy bir kase alın, mayonez ve kırmızı biberi karıştırın ve ardından tadına

bakın ve gerekirse tuz ekleyin. Şimdi kızılcık, kereviz, dolmalık biber, soğan

ve kuruyemişleri alıp iyice karıştırın. Şimdi pişmiş tavuk eklenmeli ve

ardından tekrar iyice karıştırılmalıdır. Onları tatmak için baharatlayın ve

ardından gerekirse öğütülmüş karabiber ekleyin. Servis yapmadan önce en

az bir saat soğumaya bırakın.

Zevk almak!!

Meksika fasulyesi salatası

İçindekiler

Bir kutu siyah fasulye

Bir kutu barbunya fasulyesi

Bir kutu cannellini fasulyesi

2 Yeşil dolmalık biber, doğranmış

2 kırmızı dolmalık biber

Bir paket dondurulmuş mısır tanesi

1 Kırmızı soğan, ince doğranmış

Zeytin yağı

1 yemek kaşığı. kırmızı şarap sirkesi

½ bardak Limon suyu

Tuz

1 Sarımsak, ezilmiş

1 yemek kaşığı. Kişniş

1 çay kaşığı. kimyon, öğütülmüş

Karabiber

1 çay kaşığı. Biber sosu

1 çay kaşığı. Biber tozu

Yöntem

Bir kase alın ve fasulye, dolmalık biber, donmuş mısır ve kırmızı soğanı karıştırın. Şimdi başka bir küçük boy kase alın, yağ, kırmızı şarap sirkesi, limon suyu, kişniş, kimyon, karabiberi karıştırın ve ardından baharatlayın ve acı sosu biber tozuyla ekleyin. Üzerine pansuman karışımını dökün ve iyice karıştırın. Servis yapmadan önce, yaklaşık bir veya iki saat soğumaya bırakın.

Zevk almak!!

Bacon çiftlik makarna salatası

İçindekiler

Bir kutu pişmemiş üç renkli rotini makarna

9-10 dilim pastırma

bir bardak mayonez

Salata sosu karışımı

1 çay kaşığı. Sarımsak tozu

1 çay kaşığı. sarımsak biber

1/2 su bardağı süt

1 Domates, doğranmış

Bir kutu siyah zeytin

Bir su bardağı rendelenmiş kaşar peyniri

Yöntem

Tuzlu suyu bir tencereye alın ve kaynatın. Makarnayı yumuşayana kadar

yaklaşık 8 dakika pişirin. Şimdi bir tava alın ve yağı bir tavada kızdırın ve

içinde pastırmaları pişirin ve pişince süzün ve doğrayın. Başka bir kase alın ve

kalan malzemeleri buna ekleyin ve ardından makarna ve domuz pastırması

ile ekleyin. Uygun şekilde karıştırıldığında servis yapın.

Zevk almak!!

Kırmızı derili patates salatası

İçindekiler

4 Yeni kırmızı patates, temizlenmiş ve temizlenmiş

2 yumurta

bir kilo domuz pastırması

Soğan, ince doğranmış

Bir sap kereviz, doğranmış

Yaklaşık 2 su bardağı mayonez

Tatmak için biber ve tuz

Yöntem

Tuzlu suyu bir tencereye alıp kaynatın ve ardından yeni patatesleri

tencereye ekleyin ve yumuşayana kadar yaklaşık 15 dakika pişirin. Ardından

patatesleri süzün ve soğumaya bırakın. Şimdi yumurtaları bir tencereye alın

ve soğuk suyla kaplayın ve ardından suyu kaynatın ve ardından tavayı

ocaktan alın ve bir kenara koyun. Şimdi pastırmaları pişirin ve süzün ve bir

kenara koyun. Şimdi ve malzemeleri patates ve domuz pastırması ile ekleyin

ve iyice karıştırın. Soğutup servis yapın.

Zevk almak!!

Siyah fasulye ve kuskus salatası

İçindekiler

Bir bardak kuskus, pişmemiş

Yaklaşık iki su bardağı tavuk suyu

Zeytin yağı

2-3 yemek kaşığı. Misket limonu suyu

2-3 yemek kaşığı. kırmızı şarap sirkesi

Kimyon

2 Yeşil soğan, doğranmış

1 Kırmızı dolmalık biber, doğranmış

Salantro, taze doğranmış

Bir su bardağı donmuş mısır taneleri

iki kutu siyah fasulye

Tatmak için biber ve tuz

Yöntem

Tavuk suyunu kaynattıktan sonra kuskusu karıştırıp tencerenin kapağını

kapatarak pişirin ve kenara alın. Şimdi zeytinyağı, limon suyu, sirke ve

kimyonu karıştırın ve ardından soğan, biber, kişniş, mısır, fasulyeyi ekleyin ve

kaplayın. Şimdi tüm malzemeleri birlikte karıştırın ve servis yapmadan önce

birkaç saat soğumaya bırakın.

Zevk almak!!

Yunan tavuk salatası

İçindekiler

2 su bardağı tavuk eti, haşlanmış

1/2 su bardağı havuç, dilimlenmiş

1/2 bardak salatalık

Yaklaşık bir su bardağı doğranmış siyah zeytin

Yaklaşık bir fincan beyaz peynir, rendelenmiş veya ufalanmış

İtalyan usulü salata sosu

Yöntem

Büyük boy bir kase alın, haşlanan tavuk, havuç, salatalık, zeytin ve peyniri alıp iyice karıştırın. Şimdi salata sosu karışımını ekleyin ve tekrar iyice karıştırın. Şimdi kaseyi kapatarak soğutun. Soğuyunca servis yapın.

Zevk almak!!

Süslü tavuk salatası

İçindekiler

½ su bardağı Mayonez

2 yemek kaşığı. Elma sirkesi

1 Sarımsak, kıyılmış

1 çay kaşığı. Taze dereotu, ince doğranmış

Yarım kilo pişmiş derisiz ve kemiksiz tavuk göğsü

½ su bardağı beyaz peynir, rendelenmiş

1 kırmızı dolmalık biber

Yöntem

Mayonez, sirke, sarımsak ve dereotu iyice karıştırılmalı ve en az 6-7 saat veya gece boyunca buzdolabında tutulmalıdır. Şimdi tavuk, biber ve peynir karıştırılmalı ve birkaç saat soğumaya bırakılmalı ve ardından sağlıklı ve lezzetli salata tarifi servis edilmelidir.

Zevk almak!!

İçindekiler

4-5 tavuk göğsü, haşlanmış

Bir sap kereviz, doğranmış

Yeşil soğanlar

Yaklaşık bir fincan altın kuru üzüm

Elma, soyulmuş ve dilimlenmiş

Cevizler, kızarmış

Yeşil üzüm, çekirdekleri çıkarılmış ve yarıya bölünmüş

köri tozu

Bir bardak az yağlı mayonez

Yöntem

Büyük boy bir kase alın ve içine kereviz, soğan, kuru üzüm, dilimlenmiş elma,

kavrulmuş ceviz, köri tozu ile çekirdeksiz yeşil üzüm ve mayonez gibi tüm

malzemeleri alın ve iyice karıştırın. Birbirleriyle güzelce birleştiğinde birkaç

dakika dinlendirin ve ardından lezzetli ve sağlıklı tavuklu salatayı servis edin.

Zevk almak!!

Harika tavuk köri salatası

İçindekiler

Yaklaşık 4-5 derisiz ve kemiksiz tavuk göğsü, ortadan ikiye kesilmiş

bir bardak mayonez

Bir bardak chutney hakkında

bir çay kaşığı. köri tozu

Yaklaşık bir çay kaşığı. biber

Cevizler, yaklaşık bir bardak, doğranmış

Bir kase üzüm, çekirdekleri çıkarılmış ve ikiye bölünmüş

1/2 su bardağı soğan, ince doğranmış

Yöntem

Büyük boy bir tava alın, içinde tavuk göğüslerini yaklaşık 10 dakika pişirin ve piştiğinde çatal yardımıyla parçalara ayırın. Sonra onları boşaltın ve soğumaya bırakın. Şimdi başka bir kase alın ve mayonez, Hint turşusu, köri tozu ve biberi ekleyin ve ardından karıştırın. Daha sonra haşlanan ve didiklenen tavuk göğüslerini bu karışıma ilave edin ve üzerine cevizleri, köri tozunu ve biberi dökün. Servis yapmadan önce salatası birkaç saat buzdolabında bekletin. Bu salata, hamburger ve sandviçler için ideal bir seçimdir.

Zevk almak!

Baharatlı havuç salatası

İçindekiler

2 havuç, doğranmış

1 Sarımsak, kıyılmış

Yaklaşık bir su bardağı su 2-3 yemek kaşığı. Limon suyu

Zeytin yağı

Tuz, tatmak

Zevkinize biber

Kırmızı pul biber

Maydanoz, taze ve doğranmış

Yöntem

Havuçları mikrodalgaya alın ve kıyılmış sarımsak ve su ile birkaç dakika

pişirin. Havuç pişip yumuşayınca mikrodalgadan çıkarın. Ardından havuçları

süzün ve bir kenara koyun. Şimdi limon suyu, zeytinyağı, pul biber, tuz ve

maydanoz havuç kasesine eklenecek ve iyice karıştırılacak. Birkaç saat

soğumaya bırakın ve ardından baharatlı lezzetli salata servise hazır.

Zevk almak!!

İçindekiler

2-3 çay kaşığı. Pirinç sirkesi 2-3 yemek kaşığı. Misket limonu suyu

Tuz, tatmak

Şeker

1 çay kaşığı. Balık sosu

1 Jülyen jicama

1 Elma, doğranmış

2 Taze soğan, ince doğranmış

nane

Yöntem

Pirinç sirkesi, tuz, şeker, limon suyu ve balık sosu orta boy bir kapta iyice karıştırılmalıdır. Düzgün bir şekilde karıştırıldıklarında, jülyen doğranmış elmalar kaseye atılmalı ve iyice karıştırılmalıdır. Daha sonra yeşil soğan ve nane eklenip karıştırılır. Salatayı sandviçiniz veya burgerinizle servis etmeden önce bir süre soğumaya bırakın.

Zevk almak!!

Kabak ve orzo salatası

İçindekiler

1 kabak

2 Taze soğan, doğranmış

1 Sarı kabak

Zeytin yağı

Bir kutu pişmiş orzo

Dereotu

Maydanoz

½ su bardağı keçi peyniri, rendelenmiş

Biber ve tuz, tadı

Yöntem

Kabak, doğranmış taze soğan ile sarı kabak orta ateşte zeytinyağında sotelenir. Bunlar yumuşayana kadar birkaç dakika pişirilmelidir. Şimdi onları bir kaseye aktarın ve pişen orzoyu kaseye maydanoz, rendelenmiş keçi peyniri, dereotu, tuz ve karabiber serpin ve tekrar karıştırın. Yemeği servis etmeden önce salatası birkaç saat soğutun.

Zevk almak!!

Su teresi-meyve salatası

İçindekiler

1 Karpuz, küpler halinde kesilmiş

2 Şeftali, dilimler halinde kesilmiş

1 demet su teresi

Zeytin yağı

½ bardak Limon suyu

Tuz, tatmak

Zevkinize biber

Yöntem

Karpuz küpleri ve şeftali dilimleri orta boy bir kapta su teresi ile birlikte atılır ve üzerine limon suyu ile zeytinyağı serpilir. Daha sonra tadına göre baharatlayın ve gerekirse tuz ve karabiberi damak zevkinize göre ekleyin.

Tüm malzemeler kolayca ve uygun şekilde karıştırıldığında, bir kenara koyun veya buzdolabında birkaç saat beklettikten sonra tadı lezzetli, ancak sağlıklı meyve salatası servise hazır.

Zevk almak!!

Sezar salatası

İçindekiler

3 diş sarımsak, kıyılmış

3 hamsi

½ bardak Limon suyu

1 çay kaşığı. Worcestershire sos

Zeytin yağı

bir yumurta sarısı

1 kafa roma

½ su bardağı rendelenmiş parmesan peyniri

Kızarmış ekmek

Yöntem

Hamsi ve limon suyu ile kıyılmış sarımsak karanfilleri püre haline getirilmeli, ardından Worcestershire sosu tuz, karabiber ve yumurta sarısı ile eklenmeli ve daha sonra pürüzsüz olana kadar tekrar karıştırılmalıdır. Bu harman, blender yardımı ile yavaş ayarda yapılacak, şimdi zeytinyağı yavaş yavaş ve azar azar onunla birlikte ilave edilecek ve daha sonra içine marul atılacaktır. Daha sonra karışım bir süre bekletilir. Salatayı parmesan peyniri ve kruton ekmek ile servis edin.

Zevk almak!!

Tavuk Mango Salatası

İçindekiler

2 Tavuk göğsü, kemiksiz, parçalara ayrılmış

mesclun yeşillikleri

2 Mango, küpler halinde kesilmiş

¼ bardak Limon suyu

1 çay kaşığı. Rendelenmiş zencefil

2 çay kaşığı. Bal

Zeytin yağı

Yöntem

Limon suyu ve bal bir kapta çırpılır ve üzerine rendelenmiş zencefil ve üzerine zeytinyağı da eklenir. Malzemeleri kasede iyice karıştırdıktan sonra bir kenarda bekletin. Daha sonra tavuk ızgarada pişirilir ve soğumaya bırakılır ve soğuduktan sonra tavuğu ısırık dostu küpler halinde yırtar.

Ardından tavuğu kaseye alın ve yeşillikler ve mangolarla birlikte güzelce atın.

Tüm malzemeleri iyice karıştırdıktan sonra soğumaya bırakın ve lezzetli ve ilginç salatayı servis edin.

Zevk almak!!

Mozzarellalı portakal salatası

İçindekiler

2-3 portakal, dilimler halinde kesilmiş

mozzarella

Taze fesleğen yaprakları, parçalara ayrılmış

Zeytin yağı

Tuz, tatmak

Zevkinize biber

Yöntem

Mozzarella peyniri ve portakal dilimleri, taze yırtılmış fesleğen yapraklarıyla

birlikte karıştırılmalıdır. İyice karıştırdıktan sonra üzerine zeytinyağını serpin

ve tatlandırın. Sonra gerekirse tuz ve karabiber ekleyin, tadına bakın.

Salatayı servis etmeden önce salatayı birkaç saat soğumaya bırakın, bu

salataya doğru tatları verecektir.

Zevk almak!!

İçindekiler

1/2 bardak elma sirkesi

Yaklaşık bir su bardağı şeker

Bir su bardağı bitkisel yağ

Tuz, tatmak

½ su bardağı Yeşil fasulye

½ fincan Balmumu fasulye

½ su bardağı Barbunya fasulyesi

2 Kırmızı soğan, ince doğranmış

Tatmak için biber ve tuz

Maydanoz yaprakları

Yöntem

Bitkisel yağ, şeker ve tuz ile birlikte elma sirkesi bir tencereye alınır ve kaynatılır, ardından fasulyeleri dilimlenmiş kırmızı soğanlarla birlikte ekleyin ve en az bir saat marine edin. Bir saat sonra, tadına bakın, gerekirse tuz ve karabiber ekleyin ve ardından taze maydanozla servis yapın.

Zevk almak!!

Miso tofu salatası

İçindekiler

1 çay kaşığı. Zencefil, ince doğranmış

3-4 yemek kaşığı. misodan

su

1 yemek kaşığı. pirinç şarabı sirkesi

1 çay kaşığı. Soya sosu

1 çay kaşığı. biber salçası

1/2 su bardağı fıstık yağı

Bir bebek ıspanak, doğranmış

½ fincan Tofu, parçalar halinde kesilmiş

Yöntem

Doğranmış zencefil miso, su, pirinç şarabı sirkesi, soya sosu ve biber salçası

ile püre haline getirilir. Daha sonra bu karışım yarım bardak fıstık yağı ile

harmanlanmalıdır. Düzgün bir şekilde karıştırıldıklarında, küp doğranmış tofu

ve doğranmış ıspanağı ekleyin. Soğutun ve servis yapın.

Zevk almak!!

İçindekiler

1 Karpuz, dilimler halinde kesilmiş

1 turp, dilimlenmiş

1 yeşil soğan

1 demet bebek yeşillikleri

Mirin

1 çay kaşığı. pirinç sirkesi

1 çay kaşığı. Soya sosu

1 çay kaşığı. Rendelenmiş zencefil

Tuz

Susam yağı

Sebze yağı

Yöntem

Karpuzu, yeşil soğanı ve yeşillikleri bir kaba alıp bir kenarda bekletin. Şimdi

başka bir kase alın, mirin, sirke, tuz, rendelenmiş zencefil, soya sosunu

susam yağı ve bitkisel yağ ile ekleyin ve iyice karıştırın. Kasedeki malzemeler

iyice karışınca bu karışımı karpuz ve turp kasesinin üzerine yayın. Böylece

ilginç ama çok lezzetli salata servise hazır.

Zevk almak!!

Güneybatı Cobb

İçindekiler

1 su bardağı Mayonez

1 su bardağı ayran

1 çay kaşığı. Sıcak Worcestershire sosu

1 çay kaşığı. Kişniş

3 yeşil soğan

1 yemek kaşığı. portakal kabuğu rendesi

1 Sarımsak, kıyılmış

1 kafa roma

1 Avokado, doğranmış

Jicama

½ fincan Keskin peynir, rendelenmiş veya ufalanmış

2 Portakal, dilimler halinde kesilmiş

Tuz, tatmak

Yöntem

Mayonez ve ayran, sıcak Worcestershire sosu, yeşil soğan, portakal kabuğu rendesi, kişniş, kıyılmış sarımsak ve tuz ile püre haline getirilir. Şimdi başka bir kase alın ve marul, avokado ve jicamaları portakal ve rendelenmiş peynirle atın. Şimdi ayran püresini portakal kasesinin üzerine dökün ve servis yapmadan önce bir kenara koyun, böylece salatanın doğru lezzetini elde edin.

Zevk almak!!

İçindekiler

1 paket Fusilli

1 su bardağı Mozzarella, doğranmış

2 Domates, çekirdekleri çıkarılmış ve doğranmış

Taze fesleğen yaprağı

¼ fincan Çam fıstığı, kavrulmuş

1 Sarımsak, kıyılmış

Tatmak için biber ve tuz

Yöntem

Düdük tarifine göre pişirilir ve soğuması için bir kenarda bekletilir.

Soğuduktan sonra mozzarella peyniri, domates, kavrulmuş çam fıstığı,

kıyılmış sarımsak ve fesleğen yaprağı ile karıştırın ve tadına göre

baharatlayın, isteğe göre tuz ve karabiber ekleyin. Salata karışımının

tamamını soğuması için bir kenarda bekletin ve ardından sandviçleriniz,

hamburgerleriniz veya herhangi bir yemeğinizin yanında servis edin.

Zevk almak!!

Alabalık Füme Salatası

İçindekiler

2 yemek kaşığı. Elma sirkesi

Zeytin yağı

2 Arpacık, kıyılmış

1 çay kaşığı. yabanturpu

1 çay kaşığı. Dijon hardalı

1 çay kaşığı. Bal

Tatmak için biber ve tuz

1 Can Füme alabalık, kuşbaşı

2 elma, dilimler halinde kesilmiş

2 Pancar, dilimlenmiş

Roka

Yöntem

Büyük boy bir kase alıp içine jülyen doğranmış elma, pancar ve roka ile kuşbaşı tütsülenmiş alabalıkları atın ve kaseyi bir kenarda bekletin. Şimdi başka bir kase alın ve elma sirkesi, zeytinyağı, yaban turpu, kıyılmış arpacık, bal ve Dijon hardalı karıştırın ve ardından karışımı tatmak için baharatlayın ve ardından gerekirse damak zevkinize göre tuz ve karabiber ekleyin. Şimdi bu karışımı alıp jülyen elmalı kasenin üzerine dökün ve iyice karıştırdıktan sonra salatayı servis edin.

Zevk almak!!

Fasulyeli yumurta salatası

İçindekiler

1 su bardağı yeşil fasulye, beyazlatılmış

2 turp, dilimlenmiş

2 yumurta

Zeytin yağı

Tatmak için biber ve tuz

Yöntem

Yumurtalar önce pazı haşlanır, ardından beyazlatılmış yeşil fasulye, dilimlenmiş turp ile karıştırılır. İyice karıştırdıktan sonra üzerlerine zeytinyağı serpin ve damak zevkinize göre tuz ve karabiber ekleyin. Tüm malzemeler iyice karışınca bir kenarda bekletin ve soğumaya bırakın. Karışım soğuyunca salata servise hazırdır.

Zevk almak!!

ambrozya salatası

İçindekiler

1 su bardağı hindistan cevizi sütü

2-3 dilim portakal kabuğu rendesi

Birkaç damla Vanilya özü

1 su bardağı Üzüm, dilimlenmiş

2 Mandalina, dilimlenmiş

2 Elma, dilimler halinde kesilmiş

1 Hindistan cevizi, rendelenmiş ve kızarmış

10-12 Ceviz, dövülmüş

Yöntem

Orta boy bir kase alın ve hindistan cevizi sütü, portakal kabuğu rendesini vanilya özü ile karıştırın. Düzgün çırpıldığında dilimlenmiş mandalina ile dilimlenmiş elma ve üzümleri ekleyin. Tüm malzemeleri uygun şekilde karıştırdıktan sonra, lezzetli salatayı servis etmeden önce bir veya iki saat buzdolabında bekletin. Salata soğuyunca sandviç veya hamburgerle servis yapın.

Zevk almak!!

kama salatası

İçindekiler

bir bardak mayonez

Bir bardak mavi peynir

1/2 su bardağı ayran

arpacık soğanı

Limon kabuğu rendesi

Worcestershire sos

Taze maydanoz yaprakları

buzdağı takozları

1 Yumurta, sert haşlanmış

1 su bardağı pastırma, ufalanmış

Tatmak için biber ve tuz

Yöntem

Mavi peynirli mayonez, ayran, arpacık soğanı, sos, limon kabuğu rendesi ve maydanoz püre haline getirilir. Püreyi hazırladıktan sonra tadına göre baharatlayın ve gerekirse tuz ve karabiberi ekleyin. Şimdi başka bir kase alın ve yumurta mimozasının sert haşlanmış yumurtaları süzgeçten geçirmesi için buzdağı dilimlerini yumurta mimozasının bulunduğu kaseye atın. Şimdi mayonez püresini kamalar ve mimoza kasesinin üzerine dökün ve iyice karıştırın. Üzerine taze pastırma sürülerek salata servis edilir.

Zevk almak!!

İspanyol biber salatası

İçindekiler

3 yeşil soğan

4-5 Zeytin

2 adet kırmızı biber

2 yemek kaşığı. şeri sirkesi

1 baş kırmızı biber, füme

1 kafa roma

1 avuç badem

Bir diş sarımsak

Ekmek dilimleri

Yöntem

Yeşil soğanlar ızgarada pişirilir ve ardından parçalar halinde doğranır. Şimdi

başka bir kase alın ve içine yenibahar ve zeytinleri badem, füme kırmızı

biber, sirke, marul, ızgara ve doğranmış taze soğan ile atın. Kasenin

malzemelerini güzelce karıştırıp bir kenarda bekletin. Şimdi ekmek dilimleri

ızgaraya alınır ve ızgara yapıldığında sarımsak karanfilleri dilimlerin üzerine

sürülür ve ardından ızgara ekmeklerin üzerine yenibahar karışımı dökülür.

Zevk almak!!

Mimoza salatası

İçindekiler

2 Yumurta, katı haşlanmış

½ su bardağı Tereyağı

1 baş marul

Sirke

Zeytin yağı

Otlar, doğranmış

Yöntem

Orta boy bir kase alın ve marul, tereyağı, sirke, zeytinyağı ve doğranmış otları karıştırın. Kasenin malzemelerini iyice karıştırdıktan sonra kaseyi bir süre kenarda bekletin. Bu arada, mimoza hazırlanacak. Mimoza hazırlamak için önce haşlanmış yumurtaların kabukları soyulmalı, daha sonra bir süzgeç yardımıyla katı yumurtalar süzülerek yumurta mimozası hazır hale gelecektir. Şimdi bu yumurtalı mimoza, lezzetli mimoza salatası servis

edilmeden önce salata kasesinin üzerine kaşıkla dökülecek.

Zevk almak!!

İçindekiler

1/2 su bardağı mayonez

2-3 yemek kaşığı. Ekşi krema

2 frenk soğanı

2-3 yemek kaşığı. Maydanoz

1 Limon kabuğu rendesi ve suyu

Şeker

2 Elma, doğranmış

1 sap kereviz, doğranmış

Ceviz

Yöntem

Bir kase alın ve ardından mayonez, ekşi krema, frenk soğanı, limon kabuğu rendesi ve suyu, maydanoz, biber ve şeker ile çırpılır. Kasedeki malzemeler iyice karışınca bir kenarda bekletin. Şimdi başka bir kase alın ve içine elma, doğranmış kereviz ve cevizleri atın. Şimdi mayonez karışımını alın ve elma ve kerevizle birlikte atın. Tüm malzemeleri iyice karıştırın, kaseyi biraz dinlendirdikten sonra salatayı servis edin.

Zevk almak!!

Kara gözlü bezelye salatası

İçindekiler

Misket limonu suyu

1 Sarımsak, kıyılmış

1 çay kaşığı. kimyon, öğütülmüş

Tuz

Kişniş

Zeytin yağı

1 su bardağı börülce

1 Jalapeno, kıyılmış veya ezilmiş

2 Domates, küp küp doğranmış

2 Kırmızı soğan, ince doğranmış

2 avokado

Yöntem

Limon suyu sarımsak, kimyon, kişniş, tuz ve zeytinyağı ile çırpılır. Tüm bu

malzemeler uygun şekilde karıştırıldığında, dövülmüş jalapeno, börülce,

avokado ve ince doğranmış kırmızı soğan ile karıştırın. Tüm malzemeler

uygun şekilde karıştırıldığında, salatayı birkaç dakika bekletin ve ardından

servis yapın.

Zevk almak!!

Prosciutto Tepeli Tavuk Salatası

İçindekiler

1/2-inç küpler halinde kesilmiş 1, 1 ons dilimler mayalı ekmek

Pişirme spreyi

1/4 çay kaşığı. kurutulmuş fesleğen

1 tutam sarımsak tozu

1 ½ yemek kaşığı. sızma zeytinyağı, bölünmüş

1 ons çok ince dilim prosciutto, doğranmış

1 yemek kaşığı. taze limon suyu

1/8 çay kaşığı. tuz

1, 5 onsluk paketler bebek roka

3/4 ons Asiago peyniri, traşlanmış ve bölünmüş, yaklaşık 1/3 fincan

3 ons rendelenmiş derisiz, kemiksiz et lokantası tavuk göğsü

1/2 su bardağı üzüm domates, yarıya

Yöntem

Fırınınızı 425 derece F'de önceden ısıtmaya bırakın. Bir fırın tepsisini biraz

pişirme spreyi ile hafifçe yağlayın ve üzerine ekmek küplerini tek bir tabaka

halinde yerleştirin. Sarımsak tozunu serpin ve fesleğeni ekleyin ve iyice

karıştırın. Önceden ısıtılmış fırına atıp 10 dakika ya da ekmekler çıtır çıtır

olana kadar pişirin. Büyük bir yapışmaz tavaya biraz yağ ekleyin ve

prosciutto'yu gevrekleşinceye kadar soteleyin. Tavadan çıkarın ve boşaltın.

Kalan yağ, limon suyu ve tuzu bir kapta karıştırın. Büyük bir kaseye rokayı,

peynirin yarısını ve meyve suyunu koyup iyice karıştırın. Salatayı servis

ederken tavuk, gevrek prosciutto, domates, kalan peynir ve kruton ile

karıştırıp servis yapın.

Zevk almak!

Lezzetli Karides Tepeli Roka Salatası

İçindekiler

2 su bardağı gevşek paketlenmiş bebek roka

1/2 su bardağı kırmızı dolmalık biber, jülyen doğranmış

1/4 su bardağı havuç, jülyen doğranmış

1 1/2 yemek kaşığı. sızma zeytinyağı, bölünmüş

1 çay kaşığı. kıyılmış taze biberiye

1/4 çay kaşığı. ezilmiş kırmızı biber

1 diş sarımsak, ince dilimlenmiş

8 büyük karides, soyulmuş ve ayıklanmış

1 1/2 yemek kaşığı. beyaz balzamik sirke

Yöntem

Büyük bir kapta bebek roka, kırmızı dolmalık biber ve havuçları karıştırın.

Büyük bir tavada yaklaşık 1 yemek kaşığı ekleyin. sıvı yağ koyup orta ateşte

kızdırın. Biber, sarımsak ve biberiyeyi tavaya koyun ve sarımsak yumuşayana

kadar pişirin. Karidesleri ekleyin ve ısıyı artırın. Karides pişene kadar pişirin.

Karidesleri bir kaseye koyun. Tavaya kalan yağı ve sirkeyi ekleyin ve ısınana

kadar ısıtın. Bu karışımı roka karışımının üzerine dökün ve sos sebzeleri

kaplayana kadar karıştırın. Salatayı karidesle doldurun ve hemen servis

yapın.

Zevk almak!

Karides Cobb Salatası

İçindekiler

2 dilim ortası kesilmiş pastırma

1/2 pound büyük karides, soyulmuş ve ayıklanmış

1/4 çay kaşığı. kırmızı biber

1/8 çay kaşığı. karabiber

Pişirme spreyi

1/8 çay kaşığı. ayrılmış tuz

1 1/4 yemek kaşığı. taze limon suyu

3/4 yemek kaşığı. sızma zeytinyağı

1/4 çay kaşığı. tam tahıllı Dijon hardalı

1/2, 10 onsluk paket marul salatası

1 su bardağı kiraz domates, dörde bölünmüş

1/2 su bardağı rendelenmiş havuç

1/2 su bardağı dondurulmuş tam çekirdekli mısır, çözülmüş

1/2 olgun soyulmuş avokado, 4 parçaya bölünmüş

Yöntem

Pastırmayı gevrek olana kadar bir tavada kızartın. Uzunlamasına kesin.

Tavayı temizleyin ve pişirme spreyi ile püskürtün. Tavayı tekrar ocağa koyun

ve orta ateşte ısıtın. Karidesleri biraz biber ve kırmızı biberle atın. Karidesleri

tavaya ekleyin ve hazır olana kadar pişirin. Biraz tuz serpin ve iyice karıştırın.

Küçük bir kapta limon suyu, yağ, tuz ve hardalı bir kapta birleştirin. Marul,

karides, domates, havuç, mısır, avokado ve pastırmayı bir kapta karıştırın ve

üzerine sosu gezdirin. İyice atın ve hemen servis yapın.

Zevk almak!

Kavun ve Prosciutto Salatası

İçindekiler

1 1/2 bardak, 1/2-inç küplü ballı kavun

1 1/2 bardak, 1/2-inç küplü kavun

1 yemek kaşığı. ince dilimlenmiş taze nane

1/2 çay kaşığı. taze limon suyu

1/8 çay kaşığı. taze çekilmiş karabiber

1 ons ince dilimlenmiş prosciutto, ince şeritler halinde kesilmiş

1/4 su bardağı, 2 ons traşlanmış taze Parmigiano-Reggiano peyniri

İsteğe bağlı kırık karabiber

Nane dalları, isteğe bağlı

Yöntem

Tüm malzemeleri büyük bir karıştırma kabında birleştirin ve iyice kaplanana

kadar iyice karıştırın. Biraz biber ve nane dallarıyla süsleyerek servis yapın.

Hemen servis yapın.

Zevk almak!

Mısır ve Beyaz Fasulye Salatası

İçindekiler

1 baş escarole, boyuna dörde bölünmüş ve durulanmış

Pişirme spreyi

1 ons pancetta, doğranmış

1/2 orta boy kabak, dörde bölünmüş ve jülyen şeritler halinde kesilmiş

1/2 diş sarımsak, kıyılmış

1/2 su bardağı taze mısır taneleri

1/4 su bardağı kıyılmış taze düz yaprak maydanoz

1/2, 15 ons lacivert fasulye olabilir, durulanır ve süzülür

1 yemek kaşığı. kırmızı şarap sirkesi

1/2 çay kaşığı. sızma zeytinyağı

1/4 çay kaşığı. karabiber

Yöntem

Escarole'yi büyük bir tavada orta ateşte 3 dakika veya kenarlarında solmaya

başlayana kadar pişirin. Tavayı silin ve biraz pişirme spreyi ile kaplayın. Orta

ateşte ısıtıp üzerine pancetta, kabak ve sarımsağı ekleyip yumuşayana kadar

soteleyin. Mısırı ekleyin ve bir dakika daha pişirin. Mısır karışımını ve

escarole'u büyük bir kapta birleştirin. Maydanoz ve sirkeyi de ekleyip iyice

karıştırın. Kalan malzemeleri de ekleyip güzelce yoğurun. Servis.

Zevk almak!

Tay Usulü Karides Salatası

İçindekiler

2 ons pişmemiş linguine

6 ons soyulmuş ve deveined orta boy karides

1/4 su bardağı taze limon suyu

1/2 yemek kaşığı. Şeker

1/2 yemek kaşığı. Sriracha, Huy Fong gibi acı biber sosu

1/2 çay kaşığı. balık sosu

2 su bardağı yırtık marul

3/4 su bardağı kırmızı soğan, dikey olarak dilimlenmiş

1/8 su bardağı havuç, jülyen doğranmış

1/4 su bardağı doğranmış taze nane yaprağı

1/8 su bardağı doğranmış taze kişniş

3 yemek kaşığı. doğranmış kuru kavrulmuş kaju fıstığı, tuzsuz

Yöntem

Makarnayı paketin üzerindeki talimatlara göre hazırlayın. Makarna

neredeyse piştiğinde karidesleri ekleyin ve 3 dakika pişirin. Süzün ve bir

kevgir içine koyun. Üzerine biraz soğuk su dökün. Bir kapta limon suyu,

şeker, Sriracha ve balık sosunu birleştirin. Şeker eriyene kadar karıştırın. Kaju

hariç tüm malzemeleri ekleyin. İyice fırlat. Kaju fıstığı ile doldurun ve hemen

servis yapın.

Zevk almak!

Baharatlı Ananas Soslu Lezzetli Salata

İçindekiler

1/2 pound derisiz, kemiksiz tavuk göğsü

1/2 çay kaşığı. biber tozu

1/4 çay kaşığı. tuz

Pişirme spreyi

3/4 bardak, 1 inç küp doğranmış taze ananas, yaklaşık 8 ons, bölünmüş

1 yemek kaşığı. doğranmış taze kişniş

1 yemek kaşığı. taze portakal suyu

2 çay kaşığı. elma sirkesi

1/4 çay kaşığı. kıyılmış habanero biber

1/2 büyük diş sarımsak

1/8 su bardağı sızma zeytinyağı

1/2 su bardağı jicama, soyulmuş ve jülyen doğranmış

1/3 su bardağı ince dilimlenmiş kırmızı dolmalık biber

1/4 su bardağı ince dilimlenmiş kırmızı soğan

1/2, 5 onsluk paket taze bebek ıspanak, yaklaşık 4 su bardağı

Yöntem

Tavuğu eşit kalınlıkta dövün ve tuz ve pul biber serpin. Tavuğun üzerine biraz

pişirme spreyi sıkın ve önceden ısıtılmış bir ızgaraya koyun ve tavuk hazır

olana kadar pişirin. Kenarda tut. Ananas, portakal suyu, kişniş, habanero,

sarımsak ve sirkenin yarısını bir karıştırıcıya koyun ve pürüzsüz olana kadar

karıştırın. Zeytinyağını yavaşça damlatın ve birleşip koyulaşana kadar

karıştırmaya devam edin. Kalan malzemeleri büyük bir kapta karıştırın.

Tavukları ekleyip iyice karıştırın. Pansuman içine dökün ve tüm malzemeler

pansuman ile iyice kaplanana kadar fırlatın. Hemen servis yapın.

Zevk almak!

Izgara Tavuk ve Roka Salatası

İçindekiler

8, 6 ons derisiz, kemiksiz tavuk göğsü yarısı

1/2 çay kaşığı. tuz

1/2 çay kaşığı. karabiber

Pişirme spreyi

10 su bardağı roka

2 su bardağı çok renkli kiraz domates, yarıya

1/2 su bardağı ince dilimlenmiş kırmızı soğan

1/2 su bardağı zeytinyağı ve sirkeli salata sosu, bölünmüş

20 çekirdeksiz kalamata zeytini, doğranmış

1 su bardağı ufalanmış keçi peyniri

Yöntem

Tavuk göğsünü tuz ve karabiberle tatlandırın. Bir ızgara tavasına biraz

pişirme spreyi sıkın ve orta yüksek ateşte ısıtın. Tavuğu tavaya koyun ve

pişene kadar pişirin. Kenarda tut. Bir kapta domates, roka, soğan, zeytin ve 6

yemek kaşığı karıştırın. pansuman. Kalan sosu tavuğun üzerine sürün ve

dilimler halinde kesin. Tavuk ve domates roka karışımını karıştırın ve iyice

atın. Hemen servis yapın.

Zevk almak!

Ayran Soslu Deniz Kabuğu Makarna Salatası

İçindekiler

2 su bardağı pişmemiş deniz kabuklu makarna

2 su bardağı dondurulmuş yeşil bezelye

1/2 su bardağı organik kanola mayonez

1/2 su bardağı yağsız ayran

2 yemek kaşığı. kıyılmış taze frenk soğanı

2 çay kaşığı. doğranmış taze kekik

1 çay kaşığı. tuz

1 çay kaşığı. taze çekilmiş karabiber

4 diş sarımsak, kıyılmış

4 su bardağı gevşek paketlenmiş bebek roka

2 çay kaşığı. zeytin yağı

4 ons ince doğranmış prosciutto, yaklaşık 1/2 su bardağı

Yöntem

Makarnayı üreticinin talimatlarına göre hazırlayın. Makarna neredeyse

piştiğinde bezelyeleri ekleyin ve 2 dakika pişirin. Süzün ve soğuk suya

daldırın. Tekrar boşaltın. Bir kapta mayonez, ayran, frenk soğanı, kekik, tuz,

karabiber ve sarımsağı birleştirin ve iyice karıştırın. Üzerine makarna ve

bezelye ve rokayı ekleyip iyice karıştırın. Prosciutto'yu orta ateşte bir tavada

gevrekleşinceye kadar soteleyin. Salatanın üzerine serpip servis yapın.

Zevk almak!

Domates Soslu Arctic Char

İçindekiler

8, 6 ons arktik kömür filetosu

1 1/2 çay kaşığı. ayrılmış tuz

1 çay kaşığı. karabiber, bölünmüş

Pişirme spreyi

8 çay kaşığı. balzamik sirke

4 yemek kaşığı. sızma zeytinyağı

4 çay kaşığı. kıyılmış arpacık

2 pint üzüm domates, yarıya

10 bardak gevşekçe paketlenmiş roka

4 yemek kaşığı. kavrulmuş çam fıstığı

Yöntem

Arktik kömür filetolarını biraz tuz ve karabiberle tatlandırın. Bir tavada her

iki tarafını da yaklaşık 4 dakika pişirin. Filetoları tavadan çıkarın ve bir kağıt

havluyla örtün. Tavayı sularından temizleyin. Sirkeyi küçük bir kaseye dökün.

Yavaşça yağda gezdirin ve koyulaşana kadar çırpın. Salçaları da ekleyip iyice

karıştırın. Tavaya domatesleri, tuzu ve karabiberi ekleyip yüksek ateşte ısıtıp

domatesler yumuşayana kadar pişirin. Pansuman ekleyin ve iyice karıştırın.

Servis yaparken tabağa bir roka yatağı yerleştirin, arktik kömürü yerleştirin

ve her bir fileto üzerine domates karışımını kaşıkla dökün. Biraz fındık serpin

ve hemen servis yapın.

Zevk almak!

Lezzetli Yengeç Salatası

İçindekiler

2 yemek kaşığı. rendelenmiş limon kabuğu

10 yemek kaşığı. taze limon suyu, bölünmüş

2 yemek kaşığı. sızma zeytinyağı

2 çay kaşığı. bal

1 çay kaşığı. Dijon hardalı

1/2 çay kaşığı. tuz

1/4 çay kaşığı. taze çekilmiş karabiber

2 su bardağı taze mısır taneleri, yaklaşık 2 kulak

1/2 su bardağı ince dilimlenmiş fesleğen yaprağı

1/2 su bardağı doğranmış kırmızı dolmalık biber

4 yemek kaşığı. ince doğranmış kırmızı soğan

2 kiloluk yengeç eti, kabuk parçaları çıkarıldı

16, 1/4-inç kalınlığında dilimler olgun biftek domates

4 su bardağı kiraz domates, yarıya

Yöntem

Büyük bir kapta kabuğu, 6 yemek kaşığı karıştırın. limon suyu, zeytinyağı,

bal, hardal, tuz ve karabiber. Yaklaşık 3 yemek kaşığı çıkarın. bu karışımdan

alıp kenara alın. Kalan 6 yemek kaşığı ekleyin. limon suyu, mısır, fesleğen,

kırmızı dolmalık biber, kırmızı soğan ve yengeç eti kalan meyve suyuna

karıştırın ve iyice karıştırın. Domatesleri ve çeri domatesleri ilave edip

güzelce kavurun. Servis yapmadan hemen önce kalan suyu üzerine dökün ve

hemen servis yapın.

Zevk almak!

Tavuk Orzo Salatası

İçindekiler

1 su bardağı pişmemiş orzo

1/2 çay kaşığı. rendelenmiş limon kabuğu

6 yemek kaşığı. taze limon suyu

2 yemek kaşığı. sızma zeytinyağı

1 çay kaşığı. koşer tuzu

1 çay kaşığı. kıyılmış sarımsak

1/2 çay kaşığı. bal

1/4 çay kaşığı. taze çekilmiş karabiber

2 su bardağı kıyılmış derisiz, kemiksiz tavuk göğsü

1 su bardağı doğranmış İngiliz salatalık

1 su bardağı kırmızı dolmalık biber

2/3 su bardağı ince dilimlenmiş yeşil soğan

2 yemek kaşığı. doğranmış taze dereotu

1 su bardağı ufalanmış keçi peyniri

Yöntem

Orzoyu üreticinin talimatlarına göre hazırlayın. Süzün ve soğuk suya daldırın

ve tekrar süzün ve büyük bir kaseye koyun. Limon kabuğu, limon suyu, yağ,

koşer, sarımsak, bal ve biberi bir kapta birleştirin. Birleştirilene kadar birlikte

çırpın. Bu karışımı hazırlanan makarnanın üzerine dökün ve iyice karıştırın.

Tavuk, salatalık, kırmızı dolmalık biber, yeşil soğan ve dereotu karıştırın. İyice

fırlat. Üzerine peynir serpin ve hemen servis yapın.

Zevk almak!

Halibut ve Şeftali Salatası

İçindekiler

6 yemek kaşığı. sızma zeytinyağı, bölünmüş

8, 6-ons pisi balığı filetosu

1 çay kaşığı. koşer tuzu, bölünmüş

1 çay kaşığı. taze çekilmiş karabiber, bölünmüş

4 yemek kaşığı. doğranmış taze nane

4 yemek kaşığı. taze limon suyu

2 çay kaşığı. akçaağaç şurubu

12 su bardağı bebek ıspanak yaprağı

4 orta boy şeftali, ikiye bölünmüş ve dilimlenmiş

1 İngiliz salatalığı, boyuna ikiye bölünmüş ve dilimlenmiş

1/2 su bardağı kavrulmuş dilimlenmiş badem

Yöntem

Halibut filetolarını biraz tuz ve karabiber serpin. Balığı ısıtılmış bir tavaya koyun ve her iki tarafını 6 dakika ya da balıklar çatalla kesildiğinde hafifçe pul pul dökülünceye kadar pişirin. Büyük bir kapta tuz, karabiber, yağ, limon suyu, nane ve akçaağaç şurubunu karıştırın ve birleşene kadar çırpın.

Üzerine bebek ıspanakları, şeftalileri ve salatalığı ekleyin ve iyice karıştırın.

Servis ederken filetoyu salata yatağında servis edin ve üzerine biraz badem serpin.

Zevk almak!

Pancar ve Mavi Peynir Salatası

İçindekiler

2 su bardağı yırtık taze nane yaprağı

2/3 su bardağı ince dikey dilimlenmiş kırmızı soğan

2, 6 onsluk paket bebek lahana

1/2 su bardağı sade %2 yağı azaltılmış Yunan yoğurdu

4 yemek kaşığı. yağsız ayran

4 çay kaşığı. beyaz şarap sirkesi

3 çay kaşığı. sızma zeytinyağı

1/2 çay kaşığı. koşer tuzu

1/2 çay kaşığı. taze çekilmiş karabiber

8 adet sert pişmiş büyük yumurta, boyuna dörde bölünmüş

2, 8 onsluk paket soyulmuş ve buğulanmış bebek pancarı, dörde bölünmüş

1 su bardağı iri kıyılmış ceviz

4 ons mavi peynir, ufalanmış

Yöntem

Büyük bir kapta soğan, lahana, yumurta, pancar ve nane karıştırın. Başka bir

kapta Yunan yoğurdu, ayran, sirke, yağ, tuz ve karabiberi karıştırın. Tüm

malzemeler iyice karışana kadar çırpın. Servis yapmadan hemen önce sosu

salatanın üzerine dökün ve ceviz ve peynirle süsleyerek servis yapın.

İtalyan Usulü Yeşil Salata

İçindekiler

4 su bardağı marul - yırtılmış, yıkanmış ve kurutulmuş

2 bardak yırtık escarole

2 su bardağı yırtık radicchio

2 su bardağı yırtık kırmızı yaprak marul

1/2 su bardağı doğranmış yeşil soğan

1 kırmızı dolmalık biber, halka halka doğranmış

1 yeşil dolmalık biber, halka doğranmış

24 kiraz domates

1/2 su bardağı üzüm çekirdeği yağı

1/4 su bardağı doğranmış taze fesleğen

1/2 su bardağı balzamik sirke

1/4 bardak limon suyu

tatmak için biber ve tuz

Yöntem

Salata için: Marul, escarole, kırmızı yapraklı marul, radicchio, yeşil soğan, çeri domates, yeşil dolmalık biber ve kırmızı dolmalık biberi bir kapta karıştırın.

Sosu için: Küçük bir kapta fesleğen, balzamik sirke, üzüm çekirdeği yağı, limon suyunu birleştirin ve iyice karıştırın. Tuz ve karabiberle tatlandırın.

Servis yapmadan hemen önce sosu salatanın üzerine dökün ve kaplamak için iyice fırlatın. Hemen servis yapın.

Zevk almak!

Kızılcıklı Brokoli Salatası

İçindekiler

1/4 su bardağı balzamik sirke

2 çay kaşığı. Dijon hardalı

2 çay kaşığı. akçaağaç şurubu

2 diş sarımsak, kıyılmış

1 çay kaşığı. rendelenmiş limon kabuğu rendesi

tatmak için biber ve tuz

1 su bardağı kanola yağı

2, 16 ons paket brokoli lahana salatası karışımı

1 su bardağı kurutulmuş kızılcık

1/2 su bardağı doğranmış yeşil soğan

1/2 su bardağı kıyılmış ceviz

Yöntem

Orta boy bir kaseye sirkeyi dökün. Dijon hardalı, sarımsak, limon kabuğu

rendesi ve akçaağaç şurubunu ekleyin. İyice çırpın ve yavaş yavaş yağda

akıtın ve birleştirilene kadar çırpın. Geniş bir karıştırma kabına brokoli

salatası, yeşil soğan, kuru kızılcık ve soğanı ekleyin. Sosu salatanın üzerine

gezdirin ve iyice karıştırın. Buzdolabına koyun ve yarım saat soğutun.

Cevizlerle doldurun ve hemen servis yapın.

Zevk almak!

Lezzetli Marconi Salatası

İçindekiler

2 su bardağı pişmemiş dirsek makarna

1/2 bardak mayonez

2 yemek kaşığı. damıtılmış beyaz sirke

1/3 su bardağı beyaz şeker

1 yemek kaşığı. ve 3/4 çay kaşığı. hazır sarı hardal

3/4 çay kaşığı. tuz

1/4 çay kaşığı. öğütülmüş karabiber

1/2 büyük soğan, doğranmış

1 sap kereviz, doğranmış

1/2 yeşil dolmalık biber, çekirdekleri çıkarılmış ve doğranmış

2 yemek kaşığı. rendelenmiş havuç, isteğe bağlı

1 yemek kaşığı. isteğe bağlı doğranmış sivri biber

Yöntem

Makarnayı üreticinin talimatlarına göre hazırlayın. Süzün, soğuk suya daldırın ve tekrar süzün. Mayonez, şeker, hardal, sirke, karabiber ve tuzu geniş bir kapta birleştirin. Yeşil dolmalık biber, kereviz, yenibahar, havuç ve makarnayı ekleyin ve iyice karıştırın. Servis yapmadan önce bir gece soğutun.

Zevk almak!

Patates ve Pastırma Salatası

İçindekiler

1 pound temiz, temizlenmiş yeni kırmızı patates

3 yumurta

1/2 pound domuz pastırması

1/2 soğan, ince doğranmış

1/2 sap kereviz, ince doğranmış

1 su bardağı mayonez

tatmak için biber ve tuz

Yöntem

Patatesleri kaynar suda yumuşayana kadar haşlayın. Süzün ve buzdolabında

soğutun. Yumurtaları kaynar suda biraz haşlayın, soğuk suya daldırın, soyun

ve doğrayın. Pastırmayı bir tavada kızartın. Süzün ve daha küçük parçalara

ayırın. Soğuyan patatesleri lokma büyüklüğünde doğrayın. Tüm malzemeleri

büyük bir kapta birleştirin. Soğutulmuş hizmet.

Zevk almak!

Rokforlu Marul Salatası

İçindekiler

2 baş yaprak marul, ısırık büyüklüğünde parçalara ayrılmış

6 armut - soyulmuş, özlü ve doğranmış

10 ons Rokfor peyniri, ufalanmış

2 avokado - soyulmuş, çekirdeksiz ve doğranmış

1 su bardağı ince dilimlenmiş yeşil soğan

1/2 su bardağı beyaz şeker

1 su bardağı ceviz

2/3 su bardağı zeytinyağı

1/4 bardak ve 2 yemek kaşığı. kırmızı şarap sirkesi

1 yemek kaşığı. Beyaz şeker

1 yemek kaşığı. hazır hardal

2 diş sarımsak, doğranmış

1 çay kaşığı. tuz

Tatmak için taze çekilmiş karabiber

Yöntem

1/2 su bardağı şeker ile cevizleri bir tavada ekleyin. Şeker eriyene ve cevizler karamelize olana kadar orta ateşte pişirin. Karışımı yağlı kağıda yavaşça dökün ve soğutun. Parçalara ayırın ve bir kenarda bekletin. Zeytinyağı, kırmızı şarap sirkesi, 1 yemek kaşığı dökün. şeker, hardal, sarımsak, biber ve tuzu bir mutfak robotunda ve tüm malzemeler karışana kadar işleyin. Büyük bir salata kasesine kalan tüm malzemeleri ekleyin ve sosu dökün. Kaplamak için iyi atın. Üzerine karamelize cevizleri ekleyip servis yapın.

Zevk almak!

ton balıklı salata

İçindekiler

2, 7 ons kutu beyaz ton balığı, süzülmüş ve kuşbaşı

3/4 su bardağı mayonez veya salata sosu

2 yemek kaşığı. parmesan peyniri

1/4 bardak ve 2 yemek kaşığı. tatlı turşu

1/4 çay kaşığı. kurutulmuş kıyılmış soğan gevreği

1/2 çay kaşığı. köri tozu

2 yemek kaşığı. kurutulmuş maydanoz

2 çay kaşığı. kurutulmuş dereotu

2 tutam sarımsak tozu

Yöntem

Orta boy bir kaseye beyaz ton balığı, mayonez, Parmesan, tatlı turşu rendesi ve soğan turşusunu ekleyin. İyice karıştırın. Köri tozu, maydanoz, dereotu otu ve sarımsak tozunu serpin ve iyice fırlatın. Hemen servis yapın.

Zevk almak!

mezeli makarna salatası

İçindekiler

2 kilo deniz kabuklu makarna

1/2 pound Cenova salamı, doğranmış

1/2 pound pepperoni sosis, doğranmış

1 pound Asiago peyniri, doğranmış

2, 6 ons teneke siyah zeytin, süzülmüş ve doğranmış

2 kırmızı dolmalık biber, doğranmış

2 yeşil dolmalık biber, doğranmış

6 domates, doğranmış

2, .7 ons paket kuru İtalyan tarzı salata sosu karışımı

1-1 / 2 su bardağı sızma zeytinyağı

1/2 su bardağı balzamik sirke

1/4 su bardağı kuru kekik

2 yemek kaşığı. kurutulmuş maydanoz

2 yemek kaşığı. Rendelenmiş parmesan peyniri

Tat vermek için tuz ve öğütülmüş karabiber

Yöntem

Makarnayı üreticinin talimatlarına göre pişirin. Süzün ve soğuk suya daldırın.

Tekrar boşaltın. Geniş bir kaseye makarna, pepperoni, salam, siyah zeytin,

Asiago peyniri, domates, kırmızı dolmalık biber ve yeşil biberi ekleyin. İyice

karıştırın. Pansuman karışımını serpin ve iyice fırlatın. Bir streç ile örtün ve

soğutun.

Sosu için: Zeytinyağı, kekik, balzamik sirke, Parmesan peyniri, maydanoz,

biber ve tuzu bir kaseye dökün. Birleştirilene kadar iyice çırpın. Servis

yapmadan hemen önce sosu salatanın üzerine gezdirin ve kaplamak için

fırlatın. Hemen servis yapın.

Zevk almak!

Susamlı Makarna Tavuk Salatası

İçindekiler

1/2 su bardağı susam

2, 16 ons paket papyon makarna

1 su bardağı bitkisel yağ

2/3 su bardağı hafif soya sosu

2/3 su bardağı pirinç sirkesi

2 çay kaşığı. Susam yağı

1/4 bardak ve 2 yemek kaşığı. Beyaz şeker

1 çay kaşığı. öğütülmüş zencefil

1/2 çay kaşığı. öğütülmüş karabiber

6 su bardağı kıyılmış, pişmiş tavuk göğüs eti

2/3 su bardağı doğranmış taze kişniş

2/3 su bardağı doğranmış yeşil soğan

Yöntem

Susam tohumlarını, aroması mutfağı doldurana kadar orta yüksek ateşte bir tavada hafifçe kızartın. Kenarda tut. Makarnayı üreticinin talimatlarına göre pişirin. Süzün, soğuk suya daldırın ve süzün ve bir kaseye koyun. Bitkisel yağ, pirinç sirkesi, soya sosu, şeker, susam yağı, zencefil, biber ve susam tohumlarını tüm malzemeler karışana kadar karıştırın. Hazırladığınız sosu makarnanın üzerine dökün ve sos makarnayı kaplayana kadar iyice karıştırın.

Yeşil soğan, kişniş ve tavuk ekleyin ve iyice karıştırın. Hemen servis yapın.

Zevk almak!

Geleneksel Patates Salatası

İçindekiler

10 patates

6 yumurta

2 su bardağı doğranmış kereviz

1 su bardağı doğranmış soğan

1 su bardağı tatlı turşu

1/2 çay kaşığı. sarımsak tuzu

1/2 çay kaşığı. kereviz tuzu

2 yemek kaşığı. hazır hardal

Tatmak için öğütülmüş karabiber

1/2 bardak mayonez

Yöntem

Patatesleri kaynayan tuzlu suda bir tencerede yumuşayana kadar pişirin,

ancak lapa gibi olmayacak. Suyu boşaltın ve patatesleri soyun. Isırık

büyüklüğünde parçalar halinde doğrayın. Yumurtaları katı haşlayıp

kabuklarını soyun ve doğrayın. Tüm malzemeleri büyük bir kapta nazikçe

birleştirin. Çok sert olmayın, aksi takdirde patatesleri ve yumurtaları

parçalayacaksınız. Soğutulmuş hizmet.

Zevk almak!

kinoa tabbule

İçindekiler

4 su bardağı su

2 su bardağı kinoa

2 tutam tuz

1/2 su bardağı zeytinyağı

1 çay kaşığı. Deniz tuzu

1/2 bardak limon suyu

6 domates, doğranmış

2 salatalık, doğranmış

4 demet yeşil soğan, doğranmış

4 havuç, rendelenmiş

2 su bardağı taze maydanoz, doğranmış

Yöntem

Bir tencerede biraz su kaynatın. Üzerine bir tutam tuz ve kinoayı ekleyin.

Tencereyi bir kapakla kapatın ve sıvının yaklaşık 15-20 dakika kaynamasına

izin verin. Piştikten sonra ocaktan alın ve daha hızlı soğuması için bir çatalla

karıştırın. Kinoa soğurken, kalan malzemeleri geniş bir kaba koyun. Soğuyan

kinoayı da ekleyip iyice karıştırın. Hemen servis yapın.

Zevk almak!

Dondurulmuş Salata

İçindekiler

2 su bardağı yoğurt

2 su bardağı taze krema

1 su bardağı pişmiş makarna

2-3 biber, doğranmış

3 yemek kaşığı. Kıyılmış silantro

3 çay kaşığı. Şeker

tatmak için tuz

Yöntem

Tüm malzemeleri büyük bir karıştırma kabında birleştirin ve bir gece

buzdolabında bekletin. Soğutulmuş hizmet.

Zevk almak!

Çilek ve Beyaz Salata

İçindekiler

1/2 su bardağı rendelenmiş badem

1 diş sarımsak, kıyılmış

1/2 çay kaşığı. bal

1/2 çay kaşığı. Dijon hardalı

2 yemek kaşığı. ahududu sirkesi

1 yemek kaşığı. balzamik sirke

1 yemek kaşığı. esmer şeker

1/2 su bardağı bitkisel yağ

1/2 baş marul, yırtılmış

1 su bardağı taze çilek, dilimlenmiş

1/2 su bardağı ufalanmış beyaz peynir

Yöntem

Bademleri orta ateşte tavada kavurun. Kenarda tut. Bal, sarımsak, hardal, iki

sirke, bitkisel yağ ve esmer şekeri bir kapta birleştirin. Tüm malzemeleri

büyük bir salata kasesinde kavrulmuş bademlerle karıştırın. Servis yapmadan

hemen önce sosu dökün, iyice kaplayın ve hemen servis yapın.

Zevk almak!

Soğutma Salatalık Salatası

İçindekiler

½ inç parçalar halinde kesilmiş 2 büyük salatalık

1 su bardağı tam yağlı yoğurt

2 çay kaşığı. dereotu otu, ince doğranmış

tatmak için tuz

Yöntem

Yoğurt pürüzsüz olana kadar çırpın. Salatalık, dereotu otu ve tuzu ekleyin ve

iyice karıştırın. Gece boyunca soğutun ve biraz dereotu ile tepesinde servis

yapın.

Zevk almak!

renkli salata

İçindekiler

2 su bardağı mısır taneleri, haşlanmış

1 yeşil dolmalık biber, doğranmış

1 kırmızı dolmalık biber, doğranmış

1 sarı dolmalık biber, doğranmış

2 domates, çekirdekleri çıkarılmış, küp küp doğranmış

2 patates, haşlanmış, küp doğranmış

1 su bardağı limon suyu

2 çay kaşığı. kuru mango tozu

tatmak için tuz

2 yemek kaşığı. kişniş, doğranmış, süslemek için

Yöntem

Salantro hariç tüm malzemeleri geniş bir karıştırma kabında birleştirin.

Tatmak için mevsim. Gece boyunca soğutun. Servis yapmadan hemen önce

kişniş ile doldurun.

Zevk almak!

Garbanzo Fasulye Salatası

İçindekiler

1, 15 ons nohut konservesi, süzülmüş

1 salatalık, boyuna ikiye bölünmüş ve dilimlenmiş

6 kiraz domates, yarıya

1/4 kırmızı soğan, doğranmış

1 diş sarımsak, kıyılmış

1/2, 15 ons siyah zeytin, süzülmüş ve doğranmış

1/2 ons ufalanmış beyaz peynir

1/4 su bardağı İtalyan usulü salata sosu

1/4 limon, suyu sıkılmış

1/4 çay kaşığı. sarımsak tuzu

1/4 çay kaşığı. öğütülmüş karabiber

1 yemek kaşığı. süslemek için krema

Yöntem

Tüm malzemeleri geniş bir karıştırma kabında karıştırın ve servis yapmadan önce en az 3 saat buzdolabında bekletin.

Fasulye, salatalık, domates, kırmızı soğan, sarımsak, zeytin, peynir, salata sosu, limon suyu, sarımsak tuzu ve karabiberi birleştirin. Birlikte karıştırın ve servis yapmadan 2 saat önce soğutun. Soğutulmuş hizmet. Üstüne krema ile servis yapın.

Zevk almak!

Keskin Avokado ve Salatalık Salatası

İçindekiler

4 orta boy salatalık, küp doğranmış

4 avokado, küp doğranmış

1/2 su bardağı doğranmış taze kişniş

2 diş sarımsak, kıyılmış

1/4 su bardağı kıyılmış yeşil soğan, isteğe bağlı

1/2 çay kaşığı. tuz

tatmak için karabiber

1/2 büyük limon

2 limon

Yöntem

Limon suyu hariç tüm malzemeleri geniş bir karıştırma kabında birleştirin. En az bir saat soğutun. Servis yapmadan hemen önce limon suyunu salatanın üzerine dökün ve hemen servis yapın.

Zevk almak!

Fesleğen, Feta ve Domates Salatası

İçindekiler

12 adet roma, erik domates, doğranmış

2 küçük salatalık - soyulmuş, boyuna dörde bölünmüş ve doğranmış

6 yeşil soğan, doğranmış

1/2 su bardağı taze fesleğen yaprağı, ince şeritler halinde kesilmiş

1/4 bardak ve 2 yemek kaşığı. zeytin yağı

1/4 su bardağı balzamik sirke

1/4 bardak ve 2 yemek kaşığı. ufalanmış beyaz peynir

tatmak için tuz ve taze çekilmiş karabiber

Yöntem

Tüm malzemeleri büyük bir salata kasesinde birleştirin. Baharatını damak zevkinize göre ayarlayın ve hemen servis yapın.

Zevk almak!

Makarna ve Ispanak Salatası

İçindekiler

1/2, 12 ons paket farfalle makarna

5 ons bebek ıspanak, durulanmış ve lokma büyüklüğünde parçalanmış

Fesleğen ve domates ile 1 ons ufalanmış beyaz peynir

1/2 kırmızı soğan, doğranmış

1/2, 15 ons siyah zeytin, süzülmüş ve doğranmış

1/2 su bardağı İtalyan usulü salata sosu

2 diş sarımsak, kıyılmış

1/2 limon, suyu sıkılmış

1/4 çay kaşığı. sarımsak tuzu

1/4 çay kaşığı. öğütülmüş karabiber

Yöntem

Üreticinin talimatlarına göre makarna hazırlayın. Süzün ve soğuk suya

daldırın. Tekrar süzün ve büyük bir karıştırma kabına koyun. Ispanak, peynir,

zeytin ve kırmızı soğanı ekleyin. Başka bir kapta salata sosu, limon suyu,

sarımsak, biber ve sarımsak tuzunu karıştırın. Kombine edilene kadar çırpın.

Salatanın üzerine dökün ve hemen servis yapın.

Zevk almak!

Fesleğen ve Güneşte Kurutulmuş Domates Orzo

İçindekiler

1 su bardağı pişmemiş orzo makarna

1/4 su bardağı doğranmış taze fesleğen yaprağı

2 yemek kaşığı. ve 2 çay kaşığı. doğranmış yağda paketlenmiş güneşte kurutulmuş domates

1 yemek kaşığı. zeytin yağı

1/4 bardak ve 2 yemek kaşığı. Rendelenmiş parmesan peyniri

1/4 çay kaşığı. tuz

1/4 çay kaşığı. öğütülmüş karabiber

Yöntem

Üreticinin talimatlarına göre makarna hazırlayın. Süzün ve soğuk suya

daldırın. Tekrar süzün ve bir kenarda bekletin. Bir mutfak robotuna güneşte

kurutulmuş domatesleri ve fesleğeni koyun ve pürüzsüz olana kadar

karıştırın. Tüm malzemeleri büyük bir kapta birleştirin ve iyice atın. Tatmak

için mevsim. Bu salata oda sıcaklığında veya soğutulmuş olarak servis

edilebilir.

Zevk almak!

Kremalı Tavuk Salatası

İçindekiler

2 su bardağı mayonez

2 yemek kaşığı. mayonezinizin tatlılığına bağlı olarak şeker veya daha fazlası

2 çay kaşığı. biber

1 tavuk göğsü, kemiksiz ve derisiz

1 tutam sarımsak tozu

1 tutam soğan tozu

1 yemek kaşığı. Kıyılmış silantro

Tuz, tatmak

Yöntem

Tavuk göğsünü pişene kadar tavada kızartın. Soğutun ve ısırık büyüklüğünde parçalar halinde doğrayın. Tüm malzemeleri büyük bir kapta birleştirin ve iyice atın. Damak zevkinize göre baharatlandırıp soğuk servis yapın.

Zevk almak!

Canlandırıcı Yeşil Gram ve Yoğurt Challenge

İçindekiler

2 su bardağı yeşil gram

1 su bardağı kalın yoğurt

1 çay kaşığı. biber tozu

2 yemek kaşığı. Şeker

Tuz, tatmak

Yöntem

Bir tencere suyu kaynatın ve üzerine bir tutam tuz ve yeşil gram ekleyin.

Neredeyse bitene kadar pişirin ve boşaltın. Soğuk su altında durulayın ve bir

kenara koyun. Yoğurt pürüzsüz olana kadar çırpın. Üzerine pul biber, şeker

ve tuzu ekleyip iyice karıştırın. Yoğurt buzdolabında birkaç saat dinlendirin.

Servis yapmadan hemen önce yeşil gramı servis tabağına alın ve üzerine

hazırlanan yoğurtla servis edin. Hemen servis yapın.

Zevk almak!

Avokado ve Roka Salatası, Ufalanmış Feta İle Doldurulmuş

İçindekiler

1 olgun avokado, yıkanmış

Bir avuç roka yaprağı

1 pembe greyfurt, çekirdekleri çıkarılmış

3 yemek kaşığı. balzamik sirke

4 yemek kaşığı. zeytin yağı

1 çay kaşığı. hardal

½ su bardağı beyaz peynir, ufalanmış

Yöntem

Avokadonun etli kısmını çıkarın ve bir kaseye koyun. Üzerine balzamik sirke

ve zeytinyağını ekleyip pürüzsüz olana kadar çırpın. Beyaz peynir hariç diğer

malzemeleri ekleyin ve iyice karıştırın. Ufalanmış beyaz peynir ile tepesinde

servis yapın.

Zevk almak!

Filizlenmiş Yeşil Gram Salata

İçindekiler

1 su bardağı yeşil gram filizi

1/4 su bardağı çekirdekli, doğranmış salatalık

1/4 su bardağı çekirdekli, doğranmış domates

2 yemek kaşığı. ve 2 çay kaşığı. doğranmış yeşil soğan

1 yemek kaşığı. doğranmış taze kişniş

1/4 su bardağı ince dilimlenmiş turp, isteğe bağlı

1-1 / 2 çay kaşığı. zeytin yağı

1 yemek kaşığı. limon suyu

1-1 / 2 çay kaşığı. beyaz şarap sirkesi

3/4 çay kaşığı. kurutulmuş kekik

1/4 çay kaşığı. sarımsak tozu

3/4 çay kaşığı. köri tozu

1/4 çay kaşığı. kuru hardal

1/2 tutam tuz ve karabiber tadı

Yöntem

Tüm malzemeleri büyük bir karıştırma kabında birleştirin ve tüm malzemeler

yağla kaplanana kadar fırlatın. Servis yapmadan önce buzdolabında birkaç

saat soğutun.

Zevk almak!

Sağlıklı Nohut Salatası

İçindekiler

2-1/4 pound nohut, süzülmüş

1/4 su bardağı kırmızı soğan, doğranmış

4 diş sarımsak, kıyılmış

2 domates, doğranmış

1 su bardağı kıyılmış maydanoz

1/4 bardak ve 2 yemek kaşığı. zeytin yağı

2 yemek kaşığı. limon suyu

tatmak için biber ve tuz

Yöntem

Tüm malzemeleri geniş bir karıştırma kabında birleştirin ve iyice karıştırın.

Gece boyunca soğutun. Soğutulmuş hizmet.

Zevk almak!

Çiftlik Soslu Pastırma ve Bezelye Salatası

İçindekiler

8 dilim pastırma

8 su bardağı su

2, 16 onsluk paketler dondurulmuş yeşil bezelye

2/3 su bardağı doğranmış soğan

1 su bardağı Ranch sosu

1 su bardağı rendelenmiş Cheddar peyniri

Yöntem

Pastırmayı büyük bir tavada yüksek ateşte kızartın. Yağı boşaltın ve

pastırmayı ufalayın ve bir kenara koyun. Büyük bir tencerede biraz su

kaynatın ve içine bezelyeleri ekleyin. Bezelyeleri sadece bir dakika pişirin ve

süzün. Soğuk suya daldırın ve tekrar süzün. Büyük bir kapta ufalanmış

pastırma, haşlanmış bezelye, soğan, Cheddar peyniri ve Ranch sosunu

birleştirin. İyice atın ve soğutun. Soğutulmuş hizmet.

Zevk almak!

Çıtır Kuşkonmaz Salatası

İçindekiler

1-1 / 2 çay kaşığı. pirinç sirkesi

1/2 çay kaşığı. kırmızı şarap sirkesi

1/2 çay kaşığı. soya sosu

1/2 çay kaşığı. Beyaz şeker

1/2 çay kaşığı. Dijon hardalı

1 yemek kaşığı. fıstık yağı

1-1 / 2 çay kaşığı. Susam yağı

3/4 pound taze kuşkonmaz, kesilmiş ve 2 inçlik parçalar halinde kesilmiş

1-1 / 2 çay kaşığı. Susam taneleri

Yöntem

Küçük bir karıştırma kabına pirinç sirkesi, pirinç şarabı sirkesi, şeker, soya

sosu ve hardalı ekleyin. Sıvıları birlikte emülsifiye etmek için sürekli

çırparken yağları yavaşça dökün. Bir tencereye su doldurun ve içine bir

tutam tuz ekleyin. Kaynamaya getirin. Kuşkonmazı suya koyun ve 5 dakika ya

da yumuşayıncaya kadar pişirin. Süzün ve soğuk suya daldırın. Tekrar süzün

ve büyük bir kaseye koyun. Hazırlanan sosu kuşkonmazın üzerine dökün ve

pansuman kuşkonmazı kaplayana kadar karıştırın. Biraz susam serpin ve

hemen servis yapın.

Zevk almak!

Lezzetli Tavuk Salatası

İçindekiler

2 yemek kaşığı. yağsız, daha az sodyumlu tavuk suyu

1 yemek kaşığı. pirinç şarabı sirkesi

1/2 yemek kaşığı. Tayland Balık Sosu

1/2 yemek kaşığı. düşük sodyumlu soya sosu

1/2 yemek kaşığı. Kıyılmış Sarımsak

1 çay kaşığı. Şeker

1/2 pound tavuk göğsü ihale, derisiz, kemiksiz, ısırık büyüklüğünde parçalar halinde kesilmiş

1/2 yemek kaşığı. fıstık yağı

2 su bardağı karışık salata yeşillikleri

2 yemek kaşığı. taze fesleğen, doğranmış

2 yemek kaşığı. kırmızı soğan, ince dilimlenmiş

1 yemek kaşığı. kuru kavrulmuş fıstık ince doğranmış tuzsuz

Kireç takozları, isteğe bağlı

Yöntem

Orta boy bir kapta tavuk suyu, pirinç şarabı sirkesi, Tay balık sosu, düşük

sodyumlu soya sosu, sarımsak ve şekeri birleştirin. Tavuk parçalarını bu

turşunun içine koyun ve tavuğu karışıma bulayın ve birkaç dakika bekletin.

Yağı büyük bir tavaya ekleyin ve orta ateşte ısıtın. Tavuk parçalarını marine

sosundan çıkarın ve ısıtılmış tavada yaklaşık 4-5 dakika veya tamamen

pişene kadar pişirin. Marine edip dökün ve sos kalınlaşana kadar kısık ateşte

pişirin. Ateşten alın. Büyük bir kapta yeşillikleri, fesleğeni ve tavuğu karıştırın

ve kaplanana kadar iyice atın. Üzerine soğan ve fıstık serpilmiş salatayı

yanında limon dilimleri ile servis edin.

Zevk almak!

Sağlıklı Sebze ve Soba Erişte Salatası

İçindekiler

2, 8 onsluk paket soba eriştesi

2 ½ su bardağı dondurulmuş yeşil soya fasulyesi

1 ½ su bardağı havuç, jülyen doğranmış

2/3 fincan yeşil soğan, dilimlenmiş

4 yemek kaşığı. taze kişniş, doğranmış

3 çay kaşığı. serrano biber, doğranmış

2 pound karides, soyulmuş ve ayıklanmış

1/2 çay kaşığı. tuz

1/2 çay kaşığı. karabiber

Pişirme spreyi

2 yemek kaşığı. taze portakal suyu

2 yemek kaşığı. taze limon suyu

1 yemek kaşığı. düşük sodyumlu soya sosu

1 yemek kaşığı. koyu susam yağı

1 yemek kaşığı. zeytin yağı

Yöntem

Bir tencereye su kaynatın ve erişteleri neredeyse bitene kadar pişirin. Bir

tavada soya fasulyelerini 1 dakika veya çok sıcak olana kadar pişirin. Tavadan

çıkarın ve boşaltın. Erişteleri havuç, soğan, kişniş ve biberle karıştırın. Büyük

bir tavaya biraz pişirme spreyi sıkın ve orta ateşte ısıtın. Karidesleri tuz ve

karabiberle atın. Karidesleri tavaya koyun ve bitene kadar pişirin. Karidesleri

erişte karışımına ekleyin. Küçük bir kaseye portakal suyu ve diğer malzemeleri ekleyin ve iyice karıştırın. Pansumanı erişte karışımının üzerine

dökün ve kaplanana kadar iyice fırlatın.

Zevk almak!

Hamsi Soslu Marul ve Tere Salatası

İçindekiler

Pansuman:

1 su bardağı sade yağsız yoğurt

1/2 su bardağı yağı azaltılmış mayonez

4 yemek kaşığı. doğranmış taze düz yaprak maydanoz

6 yemek kaşığı. doğranmış yeşil soğan

2 yemek kaşığı. doğranmış taze frenk soğanı

6 yemek kaşığı. beyaz şarap sirkesi

4 çay kaşığı. hamsi macun

2 çay kaşığı. doğranmış taze tarhun

1/2 çay kaşığı. taze çekilmiş karabiber

1/4 çay kaşığı. tuz

2 diş sarımsak, kıyılmış

Salata:

16 su bardağı yırtık marul

2 su bardağı doğranmış su teresi

3 su bardağı doğranmış pişmiş tavuk göğsü

4 domates, her biri 8 kama, yaklaşık 1 pound

4 adet sert pişmiş büyük yumurta, her biri 4 parçaya bölünmüş

1 su bardağı doğranmış soyulmuş avokado

1/2 bardak, 1 1/2 ons ufalanmış mavi peynir

Yöntem

Pansuman için gerekli olan tüm malzemeleri bir mutfak robotuna koyun ve bir çırpma teli verin ve pürüzsüz olana kadar karıştırın. Soğut. Geniş bir kaseye salata için tüm malzemeleri koyun ve iyice karıştırın. Servis yapmadan hemen önce sosun üzerine dökün.

Zevk almak!

Basit Sarı Salata

İçindekiler

1 koçan sarı mısır

Sızma zeytinyağı gezdirme

1 adet taze sarı kabak

3 adet taze sarı üzüm domates

3-4 taze fesleğen yaprağı

Tatmak için bir tutam tuz

Üzerine serpmek için taze çekilmiş karabiber

Yöntem

İlk olarak mısırın çekirdeklerini ayıklayın. Taze sarı kabak ve taze sarı üzüm

domatesleri dilimler halinde kesin. Şimdi bir tava alın ve biraz zeytinyağı

gezdirin ve mısır ve kabakları yumuşayana kadar soteleyin. Bir kapta, tüm

malzemeleri ekleyin ve tadına göre baharatlayın. Atın ve servis yapın.

Zevk almak!

Narenciye ve Fesleğen Salatası

İçindekiler

Sızma zeytinyağı

2 Portakal, suyu sıkılmış

1 Taze limon suyu

1 limon kabuğu rendesi

1 yemek kaşığı. bal

çiseleyen beyaz şarap sirkesi

Bir tutam tuz

2-3 taze fesleğen yaprağı, doğranmış

Yöntem

Büyük bir salata karıştırma kabı alın ve sızma zeytinyağı, taze limon ve

portakal suyunu ekleyin ve iyice karıştırın. Ardından limon kabuğu rendesi,

bal, beyaz şarap sirkesi, taze fesleğen yaprağı ekleyin ve tadına bakmak için

üzerlerine biraz tuz serpin. İyice karıştırın. Daha sonra soğuması için

buzdolabına kaldırın ve servis yapın.

Zevk almak!

Basit Pretzel Salatası

İçindekiler

1 paket kraker

serpmek için tuz

2/3 su bardağı fıstık yağı

Sarımsak ve otlu salata sosu, damak zevkinize göre kendi tercihinize göre salata sosu kullanabilirsiniz.

Yöntem

Büyük bir karıştırma torbası alın. Şimdi simit, fıstık yağı, sarımsak ve otlu salata sosu karışımını veya diğer salata soslarını ekleyin. Tatmak için biraz tuz serpin. Şimdi simitlerin eşit şekilde kaplanması için torbayı iyice sallayın.

Hemen servis edin.

Zevk almak!

CPSIA information can be obtained
at www.ICGtesting.com
Printed in the USA
BVHW031240080822
644064BV00014B/428